콰이어트 모닝

생각이 현실이 되는 고요한 시간의 힘

QUIET MORNING

추현호 지음

콰이어트 모닝

클레이하우스
CLAYHOUSE

"인간의 모든 문제는 방에 혼자 조용히
앉아 있지 못하는 데서 시작된다."

블레즈 파스칼

콰이어트 모닝은 청년 멘토 추현호 대표가 자신이 걸어온 시간과 만남을 농축해 쓴 자기계발서이자, 청년에게 건네는 멘토링이다. 매일 고요한 아침, 자기 내면을 마주하는 그 시간이 당신의 삶을 특별한 의미가 담긴 카이로스의 시간으로 채워주고, 어떠한 질곡이 찾아와도 이겨낼 수 있는 회복탄력성을 갖게 해줄 것이다. ― 강민정(한림대 글로벌협력대학원 교수)

바쁘고 소란한 일상을 지내다 보면 그 속에서 나는 자꾸만 흐릿해져간다. 자신을 찾고 자기가 원하는 목표를 이루며 살고 싶은 이에게 이 책을 적극 추천한다. 저자는 매일 일정한 시간을 내서 마음을 차분히 정돈하며 하루를 시작하라고 이야기한다. 누구나 쉽게 실천할 수 있는 고요한 아침 습관을 통해 행복으로 다가가는 길을 친절하게 알려주는 고마운 책이다.

― 김상인(건설근로자공제회 이사장)

한 사람을 깊이 신뢰하기 위해서는 여러 해 동안 그의 행동을 관찰할 수 있는 행운이 따라야 한다. 나는 추현호라는 사람을 오랜 시간 곁에 두는 행운을 얻은 덕에 그가 어떤 시련을 마주하고, 어떻게 그 시간을 극복하며 미래를 열어왔는지 지켜볼 수 있었다. 그의 미래는 매일 아침 조금씩 만들어졌다. 불안이 아니라 설레는 마음으로 미래를 열어가고 싶은 모든 독자가 저자처럼 콰이어트 모닝이라는 선물을 매일 누리기를 바란다.

— 김요한(전 대구광역시 청년정책과장)

바야흐로 자기계발의 시대가 다시 열렸다. 유튜브를 해야 하고 부수입을 만들어야 한다고, 글을 쓰고 개인 브랜딩을 해야 살아남을 수 있다고 많은 사람이 말한다. 그러나 얼마나 많은 사람이 그것을 꾸준히 할 수 있을까? 비슷한 맥락에서 '일찍 일어나서 열심히 살아라, 그럼 기적이 이뤄진다'라는 미라클 모닝이 유행한 때가 있었다. 대부분 일찍 일어나는 것에 초점을 맞췄고 이내 상당수가 포기했다. 이 책에는 그렇게 많은 사람이 미라클 모닝을 포기할 수밖에 없었던 이유가 담겨 있다. 콰이어트 모닝은 너무 많은 것을 하느라 정신없이 바쁜 우리에게 고요한 시간을 갖고 '나'를 찾아야 한다는 보다 근본적인 깨우침을 전한다. 17년 전 나와 저자가 그랬던 것처럼 이 책을 읽고 많은 사람이 각자의 '나'와 마주하길 바란다.

— 김종봉(투자자, KP자산관리법인 대표, 『돈 공부는 처음이라』 저자)

저자에게 콰이어트 모닝 이야기를 듣고 직접 실천해보았다. 매일 아침 홀로 아름다운 자연에 머물며 새로운 나를 발견하니 삶에 대한 새로운 희망과 따뜻한 행복감이 마음에 충만하게 차올랐다. 머리가 개운해져서 발상도 자유롭게 떠올랐다. 이 책을 접한 모든 독자가 나처럼 콰이어트 모닝을 통해 자기가 될 수 있는 최고의 모습으로 살아갈 키를 얻기를 소망한다.

— 도선미(대구광역시 교육청 장학사)

"각 인의 능력을 최고도로 발휘하게 한다." 대한민국 헌법 전문 중 한 구절이다. 저자는 각자 능력을 최고로 발휘하며 살게 해주는 통로로써 콰이어트 모닝을 적극 권한다. '고요한 여명의 시간'을 통해 실패를 성공의 과정으로 바꾸어놓은 그의 삶이 설득력을 더한다. 저자만큼이나 유려하고 따뜻한 문장들이 마음을 끄는 매력적인 책이다.

— 도태우(변호사)

꿈을 현실로 만들기 위해 용감하게 도전하고 노력하는 청년 추현호 대표는 어떤 시험이 찾아와도 그걸 온몸으로 받아내는 사람이다. 정확히 상황을 파악해 문제 해결을 위한 키워드를 찾아내고 결국 문제를 풀어내는 놀라운 능력도 지니고 있다. 이 책을 통해 이런 문제 해결 능력의 근간이 콰이어트 모닝에 있음을 확인하게 되었다. 청년다운 순수함, 실력과 경험을 바탕으로 한 추진력, 남다른 소명의식을 매일 아침 연단하며 자기에게 주어진 삶을 최선을 다해 살아가는 그가 아름답다. 많은 사람이 그처럼 매일 홀로 머물며 스스로를 단련하여, 탁월하고 행복하게 살아갈 수 있기를 바란다.

— 문숙경(전 한국양성평등교육진흥원 원장)

"세상은 고통으로 가득하지만 한편 그것을 극복하는 일로도 가득차 있다." 헬렌 켈러의 말이다. 자기 미래를 예측할 수 있는 사람은 아무도 없다. 그렇다고 해서 미래를 향한 꿈을 꾸지 않고 그대로 있는다면, 그건 일종의 직무 유기다. 그런 이의 미래에는 고통만 가득하다. 꿈을 이루며 미래를 내 것으로 만들고 싶다면, 생각을 현실로 이뤄내기 위한 부단한 자기와의 대화가 필요하다. 매일 아침 고요히 혼자 있는 시간을 통해 집중력, 균형 잡힌 사고, 지속 가능한 가치를 만들어내는 사람에게 빛나는 미래가 주어질 것이다. 이 책이 저마다 꿈꾸는 미래를 현실로 만들어낼 수 있도록 유익한 거름이 되어주리라 믿는다. — 박민석(계명대 산학인재원 교수)

공자는 한 해 계획은 봄에, 하루 계획은 새벽에 달려 있다고 했다. 그래서 새벽에 일어나지 않으면 온종일 아무 일도 할 수 없다고도 했다寅若不起日無所辦. 저마다의 특별한 시간인 새벽을 어떻게 마주하는가가 하루를 좌우하고 결국 미래를 결정한다. 추현호 대표의 콰이어트 모닝이 각자의 새벽을 위대한 선물로 만들어줄 것이다. — 박영석(전 대구 MBC 사장)

고요한 새벽을 깨우는 추현호 대표. 그는 내가 만난 인연 중 가장 소중하고 경이로운 존재다. 『콰이어트 모닝』에는 17년간 고요한 아침을 통해 단련한 그의 삶과 철학이 고스란히 배어 있다. 고요한 아침을 통해 많은 사람이 저마다 어두운 시간을 이겨내고 자기만의 빛에 이를 수 있기를 기대한다. — 안혜정(선린대 간호학부 교수)

내가 살아가는 하루의 시공간을 들여다보는 일이란 쉽지 않다. 그러나 청년 추현호는 오랜 시간 하루도 빠짐없이 홀로 머물며 시간과 공간, 침묵의 통로를 산책했고, 그 평범하고도 특별한 경험을 책으로 엮었다. 그의 깊이 있는 스토리를 통해 많은 사람이 콰이어트 모닝에 동참해 인생의 변화를 맛보게 되길 바란다.　　　　　　　　　　 — 오창균(전 대구경북연구원장)

『미라클 모닝』의 할 엘로드는 생산적인 아침은 생산적인 하루를 만들어내고, 평범한 아침은 평범한 하루로 이어진다고 했다. 추현호 대표는 여기서 더 나아가 아침을 어느 누구의 목소리에도 간섭받지 않으며 자신의 생각에 집중하고 삶을 계획할 수 있는 시간으로 만들라고 한다. 그가 제안하는 콰이어트 모닝이 당신을 더 가치 있는 삶으로 인도할 것이다.

— 윤여선(KAIST 경영대학장)

필 나이트 나이키 회장도 매일 새벽길을 걷다가 창업을 결심했다고 한다. 나는 새벽의 고요함을 다스리는 자가 성공에 이른다고 믿는다. 고요한 시간의 위대한 힘을 강조하는 이 책은 새벽별이 왜 가장 밝은지를 새삼 깨닫게 한다.　　 — 이인(미국 벤처캐피털리스트, 싱가폴 국립대 교수, 『무빙』 저자)

프롤로그

내 삶을 바꾸는 가장 쉬운 방법

이 글을 쓰는 지금은 동도 트지 않은 새벽이다. 사방이 고요하고 타자 치는 소리와 창밖에서 나는 새소리만 귓가에 들린다. 이 글을 다 쓰면 따뜻한 차 한 잔과 비건 음식으로 차린 간단한 아침을 먹을 것이다. 오늘은 콰이어트 모닝 시간 대부분을 글 쓰는 데 보낼 테지만, 내일은 아침 달리기를 하고 좋아하는 책을 읽을 생각이다.

콰이어트 모닝은 17년간 내가 실천해온 아침 습관이다. 대학생 시절 어떤 연유로 도서관에 틀어박혀 2년 동안 말도 거의 하지 않고 책만 읽어댔던 시절, 이때 혼자 독서에 몰입하면서 정신적으로 크게 도약했다. 목마른 식물이 물을 쫙 빨아들일 때 이런 느낌이겠구나 싶었다. 지적으로도 정신적으로도 충만해지는 게 스스로도 느껴졌고, 아는 게 많아지니 정신적 해방감과 함께 인생을 바라보는 눈이 트이는 것 같았다. 이후 홀로 학업과 여행 등으로 외국으로 떠날 때도 이와 비슷한 해방감과 충만감을 경험한 나는 홀로 몰입하는 시간을 일상에 꾸준히 심어두면 좋겠다고 생각했다.

2006년 매일 아침 일찍 일어나 홀로 고요히 시간을 보내기로 다짐하고 17년간, 아프다거나 특별한 일정이 있는 날 며칠 빼고는 하루도 빠짐없이 새벽에 일어나 홀로 시간을 보냈다. "그게 어떻게 가능해?" "일찍 일어나기만 해서 성공하는 거면 누구나 다 하지." 당신 무의식은 이렇게 반기를 들지 모른다. 하지만 실제 경험과 심리학적 근거를 찾아가며 연구해온 나는 확신을 갖고 당신에게 말할 수 있다. 하루 30분, 홀로 보내는 아침은 삶을 완전히 바꿀 수 있는 가장 쉽고 강력한 습관이라고.

나뿐만 아니라 세계 최고 수준의 성과를 올리는 사람들 대다수가 매일 아침 혼자서 명상을 하고, 운동을 하고, 책을 읽고, 차를 마시고, 글을 쓴다. 오프라 윈프리, 빌 게이츠, 벤저민 프랭클린, 알베르트 아인슈타인, 아널드 슈워제네거 등도 매일 아침 반복하는 작은 습관들을 지니고 있었다. 수재도, 금수저도 아닌 평범한 청년이었던 나는 어렸을 때부터 꿈 하나는 야심찼던

만큼 스스로 한번 시험해보기로 했다. 매일 아침 좋은 습관으로 하루를 시작하면 내 인생도 위대해질 수 있을까 궁금했던 것이다. 잠이 줄어 피곤해지는 것 말고는(실제로 해보니 일찍 일어나도 전혀 피곤하지 않았다) 손해 볼 것도 없었다.

매일 아침 혼자 고요히 시간을 보냈을 뿐인데, 이 습관은 내 인생에 놀라운 선물들을 안겨주었다. 책 전반에 걸쳐 이야기하겠지만 간단히 말해보자면, 피자 배달 가게 주인에서 사회적 가치를 실현하는 사회적 기업가로 새로운 진로를 열어주었고, 막다른 골목을 만날 때마다 돌파구를 찾게 해주었으며, 경제적 자유도 선물해주었다. 이 습관 덕택에 사업 분야에서 나름의 성과를 얻었고, 무엇보다 어떤 실패와 어려움을 만나도 크게 흔들리지 않게 되었다. 코로나19로 야심차게 열었던 학원 문을 닫고 뚜렷한 수입원 하나 없었던 때에도 매일 아침 갈고닦은 멘탈이 위력을 발휘했다. 원하는 대학에 못 갔다고, 투자자가 갑자기 투자를 철회했다고 세상 끝난 것처럼 우울해하고 비관하던 이전의 나와는 완전히 다른 사람이 되어 있었다. 분명한 건 이 변화가 매일 조금씩 일어났다는 점이다.

나는 나의 인생을, 나라는 사람을 천천히, 그러나 완전히 뒤바꾼 이 습관에 '콰이어트 모닝'이라는 이름을 붙이고 내가 아는 사람들 모두에게 떠벌리고 다니기 시작했다. 나만 알고 있을 수 없었다. 심지어 내 분신과도 같은 회사의 이름도 '콰타드림랩'으로 지었다. 콰이어트 타임(콰타)으로 꿈(드림)을 이루는 실험실(랩)이란 뜻이다. 나는 이 사회적 기업에서 청년과 청소년을 위한 교육 솔루션을 제공할 때에도 콰이어트 모닝의 비법을 함께 전수했고, 그들이 이 과정을 통해 놀랍도록 성장해가는 것을 직접 보았다. 나에게만 적용되는 특수한 비법이 아니라 누구에게나 적용되는 보편적인 방법임을 깨닫고 나니 가만히 있을 수가 없었다. 나는 콰이어트 모닝을 더 널리 알려야겠다고 마음먹었다. 그래서 이 책도 쓰게 된 것이다.

아무것도 없는 도화지에 그림을 그리는 것보다, 나보다 실력이 뛰어난 누군가가 희미하게 그려놓은 스케치를 따라 그리면 첫 시작이 쉽다. 처음에 그렇게 시작하다 어느 정도 능숙해지면 빈 도화지에 자신 있게 나만의 그림을 그리면 된다. 나는 이 책이 당신에게 그런 가이드가 되었으면 한다. 내가 다른 위대한 인물들의 삶에서 힌트를 얻어 콰이어트 모닝을 내 삶에 이식했듯, 당신도 내가 강력한 효과를 본 이 아침 습관을 속는 셈 치고 적용해보라. 정신적으로, 육체적으로, 재정적으로 힘든 시기를 보내고 있다면, 오늘부터 당장 10분이라도 의지적으로 홀로 고요히 있기를 권한다. 달라이 라마는 어떤 훈련이나 연습이 삶에 명확한 변화를 일으키는 데 50시간 정도가 걸린다고 했다

(1만 시간이 아니라!). 그런데 최근 연구들에 따르면 100분만 연습을 지속해도 눈에 띄는 변화가 생긴다고 한다. 10분씩 열 번만 해도 변화가 일어난다는 소리다. 스마트폰을 보면서 멍하니 흘려보내는 시간이라도 아껴서 당장 시작해볼 수 있다.

20대 초부터 시작해 30대 후반에 이르기까지 나는 콰이어트 모닝의 강력한 효과를 경험했다. 콰이어트 모닝으로 인생을 어떻게 바꿀 수 있는지 그 원리와 구체적인 실행 방법들을 이 책에 아주 상세히 담아낼 것이다. 나를 당신과 함께 달리는 러닝메이트로 생각해주면 좋겠다. 오래달리기를 할 때 옆 사람과 대화할 수 있을 정도로 천천히 달리는 것이 적정 속도라고 한다. 너무 빠르면 금세 지쳐서 오래 달릴 수 없고, 너무 느리면 달리기가 아니다. 습관도 마찬가지다. 무리한 습관은 금세 포기하게 되고, 안일하고 미지근하게 하면 그 습관에는 아무 위력이 없다. 콰이어트 모닝 습관이 당신 인생에 유의미한 변화를 가져오도록, 이 책이 페이스메이커가 되어주는 것이 목표다. 자, 이제 함께 달릴 준비가 되었는가? 시작해보자.

contents

CHAPTER 1

고요한 시간의 힘

CHAPTER 2
하루 30분의 기적

CHAPTER 3
뇌를 바꾸는 원리

CHAPTER 4
콰이어트 모닝 실천법

CHAPTER 1

고요한 시간의 힘

콰이어트 모닝은

내면에 부는 바람을 잠재워서 어느 방향으로도

치우치지 않고 잔잔한 내적 상태를 만드는 시간이다.

우리는 왜 혼자, 고요하게 머물러야 하는가?

1

콰이어트 모닝의
비포 앤 애프터

아침이 없던 나날들

나는 남들보다 머리가 좋은 것도 아니고 대단한 기술을 가진 것도 아니다. 부모로부터 많은 돈을 물려받은 금수저도 아니다. 하지만 30대 후반인 지금 사회적 기업을 운영하며 장래가 촉망되는 지역 인사로 하루하루를 바쁘게 살아가고 있다. 크게 잘난 것 없는 내가 꿈을 꾸고 진취적으로 이를 이루며, 경제적인 자유도 누리며 살고 있다. 특별한 의지와 비상한 두뇌 때문이었을까?

10대 시절의 나는 조용하게 공부만 열심히 하는, 튀지 않는 학생이었다. 어렸을 때부터 공부를 곧잘 해서 외국어고에 진학했다. 공부 외에 내가 잘할 수 있는 게 무엇인지 잘 몰랐고, 일부러 찾으려고 시도해보지도 않았다. 수능을 잘 봐서 서울 명문대에 진학하는 것이 그 시절 나의 거의 유일한 목표였다. 그러나 그해 수능은 불수능이라 할 만큼 어려웠고, 내가 받은 점수로는 원하는 대학에 갈 수 없었다. 공부 외에 다른 길을 생각해본 적이 없던 나는 수능을 보고 온 날부터 정신적으로 크게 허물어져 버렸다. 게다가 당시 부모님이 사이가 좋지 않으셔서 이혼을 하셨는데, 열아홉 살이 감당하기에는 이 모든 상황이 버거웠다. 내 인생 전체에 까만 먹구름이 드리운 기분이었다.

"얼마든지 지원해줄 테니 재수해보면 어떻겠니?" 낙심해 있던 내게 아버지는 재수를 권하셨지만 죽어도 재수는 하기 싫었던 나는 점수에 맞춰 지역 국립대에 지원했다. 합격 통지를 받은 후부터 아르바이트 자리를 기웃대며 시간을 보냈고, 입학 후에도 수업은 대충 듣고 동아리 활동만 열심히 했다. 검도부에 들어가 운동하고 술 마시고, 운동하고 술 마시고 하며 한 학기를 보냈다. 당연히 규칙적인 생활을 했을 리가 없다. 이 일상이 작은 사건 하나로 인해 완전히 깨지기 전까지는.

검도부 기수장이 되어 해수욕장으로 엠티를 갔던 날, 주전

자에 담긴 술을 다 받아먹고 이렇게 술을 먹다가 죽을지도 모르겠다는 공포감을 처음 느꼈다. 체질적으로 술이 잘 받지 않는 몸이 이제 더 이상 못 버틴다고 비명을 내지르는 것 같았다. 엠티를 다녀온 후 결국 검도부를 나온 나는 검도부 대신 마음 붙일 다른 곳을 찾아 헤맸다. 그렇게 해서 찾은 곳이 도서관이었다. 돈 없는 학생이 하루 내내 눈치 안 보고 있을 만한 거의 유일한 곳이었기 때문이다.

새로운 세상에 눈을 뜨다

온갖 종류의 책을 원 없이 읽을 수 있는 도서관은 그야말로 별천지였다. 그 전까지 학업 때문에 책을 읽은 적은 있지만 이것저것 분야를 가리지 않고 하루 내내, 1~2년 동안 책만 읽은 적은 없었다. 돌이켜 생각해보면 도서관은 서울로 올라가지 못한 좌절감과 부모님의 이혼으로 괴로워했던 내가 현실을 떠나 찾아든 도피처이자 안식처였다.

한 책을 읽으며 알게 된 새로운 책 혹은 그 저자의 책을 연달아 읽어 나가는 방식으로 책을 섭렵했다. 2003년부터 2005년 여름 군에 입대하기 전까지, 도서관에서 책만 읽어댄 그때가 내 안에 다양한 지적 씨앗이 뿌려진 시기였다. 독서에 몰입한 2년 반 동안 절대적인 인풋이 쌓이면서 사고의 깊이와 너비가 한층 달라졌다. 전공과 상관없는 책들을 읽었는데도 신기하게 수업 이해도가 향상되었다. 전날 술을 퍼마시고 수업 시간에는 엎어져 자던 때와는 완전히 달랐다.

지적으로 수많은 양분을 흡수하면서 나의 심신은 더 깊고 튼튼해졌다. 청년기를 지나며 크고 작은 어려움에 부딪혔지만 그때마다 크게 휘둘리지 않고 통과할 수 있었던 것도 독서로 길러진 내면의 힘 덕분이다.

"우리가 읽는 책이 우리 머리를 주먹으로 한 대 쳐서 우리를 잠에서 깨우지 않는다면, 도대체 왜 우리가 그 책을 읽는 거지? 책이란 무릇, 우리 안에 있는 꽁꽁 얼어버린 바다를 깨뜨려버리는 도끼가 아니면 안 되는 거야."(프란츠 카프카)

역설적이게도 모든 것으로부터 도망치고 숨어들기 위해 찾은 도서관에서, 나는 오히려 나를 도망치게 했던 것들을 깨부수는 도끼를 만났다. 화목한 가정환경, 바라던 대학, 원하는 걸 얻지 못하면 패배한 거라는 편견, 무엇을 해야 할지 모른 채 방만하게 하루하루를 보냈던 나태를 산산이 깨뜨렸다. 책에는 자기에게 벌어진 일들을 왜곡 없이 있는 그대로 받아들이되, 진취적으로 운명을 개척해간 수많은 용기 있는 사람들의 이야기가 있었다.

　이 시기에 읽은 나에게 큰 영향을 준 책 하나가 자기계발서의 고전 『네 안에 잠든 거인을 깨워라』다. 이 책의 저자 토니 로빈스는 누구나 내면에 잠자는 거인이 있다면서 자기 안의 재능과 자질, 천재성을 실현하며 살 수 있는 다양한 방법을 제시한다. 나는 그 책을 몇 차례 읽으면서 습관과 사고방식을 교정하고 훈련했다. 책을 통해 알게 된 지식을 실제로 실천하니, 남한테만 일어날 것 같았던 변화가 나에게도 일어났다. 부정적인 사고방식은 진취적으로 변해갔고, 자신감이 생기기 시작했다. 나는 이 습관이 군입대로 인해 스리슬쩍 허물어지게 해서는 안 된다고 생각했다. 어떤 환경에서도 이어갈 수 있게 일상 속에 루틴으로 심을 필요성을 느꼈고, 매일 본격적인 하루가 시작되기 전 최소 10분 만이라도 혼자만의 시간을 갖기로 했다. 콰이어트 모닝의 시작이었다.

미라클 모닝 챌린지에서 가장 중요한 것

　몇 년 전 변화를 원하는 사람들 사이에서 '미라클 모닝' 돌풍이 불었다. 많은 사람이 SNS에 이른 시간 기상했음을 인증하는 미라클 모닝 챌린지에 참여했다. 그때 이미 콰이어트 모닝을 10년 넘게 매일 실천하고 있던 나도 관심 있게 지켜보았고, 매일 아침 일찍 일어나 자기 삶을 주체적으로 살려 하는 사람이 많아진 것에 고무적인 감정이 들었다.

그러나 남들보다 아침 일찍 일어나 운동하고, 명상하고, 책을 읽는 행위 자체도 중요하지만, 이 행위가 인생에 유의미한 파급력을 가져오려면 홀로 고요히 머물러야 한다. 홀로 고요하게 머문다는 것이 무엇일까? 아무 말도 하지 않고 조용히 앉아 있으면 되는 걸까? 우선 사전적 뜻을 살펴보자.

고요

(1) 조용하고 잠잠한 상태.

(2) 풍력 계급 0의, 바람이 없는 상태. 육지에서는 연기가 똑바로 올라가고 바다에서는 수면이 잔잔하다.

(1)은 익히 아는 뜻이다. (2)는 지구과학에서 사용되는 뜻인데, 고요한 마음을 하나의 풍경으로 묘사한다면 이와 같을 것이다. 즉, 콰이어트 모닝은 내면에 부는 바람을 잠재워서 어느 방향으로도 치우치지 않고 잔잔한 내적 상태를 만드는 시간이라고 할 수 있겠다. 그렇다면 왜 혼자, 고요하게 머물러야 하는가?

"인간의 모든 문제는 방에 혼자 조용히 앉아 있지 못하는 데서 시작된다."(블레즈 파스칼) "침묵을 통해 영혼은 더욱더 밝은 빛 속에서 길을 찾으며, 모호하고 기만적인 것은 결국 밝혀진다. 우리 인생은 길고도 고된 진리 탐구다."(마하트마 간디) 역사 속 위대한 업적을 남긴 인물들도 침묵이 영혼에 얼마나 중요한 행위인지 설파했는데, 그렇다고 고요에 머무는 것이 본능을 꺾는 수행 같은 거라고 오해하진 말자. 궁극적으로는 우리 인생에 더 큰 즐거움을 가져다주는 행위이니 말이다.

1990년대 초반 세계 최초로 남극과 북극, 에베레스트를 정복해서 "모험의 한계를 밀어내고 있는 현대의 탐험가"로 칭송받은 엘링 카게도, 저서 『자기만의 침묵』에서 "침묵은 잠시 멈춤으로써 우리에게 즐거움을 가져다주는 것을 재발견하는 일이다"라고 말했다. 실제로 나 또한 콰이어트 모닝을 통해 꿈을 재발견하고 재정 문제를 해결하는 키를 얻었고, 콰타드림랩을 찾아온 많은 청년과 청소년도 진로와 학업에서 자기 길을 찾고 크고 작은 성취를 이뤘다. 콰타드림랩을 찾은 이들과 나의 공통점은, 실패의 쓴맛을 보고 망망대해 앞에 홀로 선 것 같을 때 딱한 가지를 실천했다는 것이다. 그게 바로 매일 아침 고요히 보내는 시간이다.

2

소음을 차단하고
나에게 집중하라

성공도 실패도 아직 정해지지 않았다

콰타드림랩은 청소년과 청년을 상대로 진로 컨설팅을 하는
사회적 기업이다. 당연히 인생 과업을 척척 성공적으로 해내는
이들보다 자기를 실패한 사람으로 생각하는 이들이 콰타드림랩
을 많이 찾는다.

실패는 내가 오랜 시간 고민해온 화두다. 나부터가 원하는
대학 진학 실패, 어학원 사업 실패, 투자 실패 등 실패 이력이 많
다. 내가 겪은 실패 사례도 부지기수인데, 다른 이들의 실패담을

듣고 해결 방안을 모색해주는 게 직업이 되자 누구에게도 뒤지지 않을 만큼 많은 실패 사례가 내게 쌓였다.

크고 작은 다양한 실패를 들여다보자, 어느 순간부턴가 실패의 다른 면이 눈에 들어왔다. 처음부터 실패라고 이름 붙일 수 있는 일은 아무것도 없다는 것이다.

우리나라 최초의 우주 발사체 누리호가 2022년 6월 21일 두 번째 발사에 성공했다. 1톤 이상의 위성 로켓을 성공적으로 발사한 나라는 아직 몇 없다는 점에서 실로 대단한 사건이다. 2021년 10월 22일 누리호를 처음 발사했을 때, 기본적인 발사에는 성공했지만 막바지에 엔진이 보다 일찍 연소하면서 모형 위성을 안착시키는 데는 실패했는데, 이때 언론 보도가 꽤 흥미로웠다. 발사 성공으로 마무리 짓는 기사가 있는 반면, 최종 실패로 못 박은 기사가 있었다. 같은 사건을 두고 해석이 완전히 달랐다. 그렇다면 이건 실패일까, 성공일까. 또 성공이나 실패로 명명하는 것에 어떤 의미가 있을까. 사실상 성공도 맞는 말이고, 최종 실패도 맞는 말이다. 이럴 때 어디에 방점을 둘 것인가에 따라 다른 이름표가 붙게 된다.

이처럼 성공과 실패는 객관적이지 않은 사후 해석이다. 비교적 타인에 대해서는 객관적인 시선을 잘 견지하다가도 본인에게는 그러지 못하는 경우가 많다. 그러나 삶을 한 폭의 그림에 비유해본다면, 우리 인생은 아직 완성 전이다. 아직 다 살아보지 않았기에 지금 우리의 인생이 어느 단계에 와 있는지 알수 없고, 따라서 아직 성공이나 실패로 규정하기 어렵다. 그러니 성공이든 실패든 사후에 붙이는 이름표라는 사실을 인정하고, 좀 더 멀찍이서 객관적으로 삶을 바라보는 훈련을 해야 한다. 이것이 삶에 훨씬 이로운 태도다.

서울 모 경영대학에서 창업 어워즈가 열렸을 때다. 자기 회사뿐 아니라 몇몇 벤처 회사를 성공적으로 투자 육성한 기술 벤처인이 나와 창업 성공에 관해 특강을 했다. 강의가 끝난 후 참가자 중 한 명이 손을 들고 요청했다. "성공담 말고 실패한 이야기 좀 듣고 싶습니다." 연사는 자기 실패담을 아주 짧게 공유했는데, 청중의 반응을 보니 한 시간가량 들려준 성공 이야기보다 실패한 이야기가 더욱 강렬한 인상을 준 듯했다. 그도 그럴 것이 우리에겐 성공보다 실패가 더 친숙하다. 앞서 '성공도 실패도 사후 해석'이라는 점을 참고해 말하면, 보통 사람들은 성공보다 실패라고 해석한 경험을 더 많이 지니고 있다. 실패라고 볼 만한 시행착오를 수차례 겪어야 결국 값진 무언가를 성취해낼 수 있으므로 당연히 그럴 수밖에 없다.

청년 창업 아이템 중 소매, 음식 및 숙박, 서비스, 도매업이 전체의 67.7퍼센트를 차지하고 있는데, 이들의 5년 후 생존율은 도매업 32.6퍼센트, 서비스업 30.6퍼센트, 소매업 17퍼센트, 음식 및 숙박업 15.5퍼센트 정도다. 얼핏 보아도 절반 넘는 가게가 5년 이내에 폐업하니, 실패하고 망한 이야기를 굳이 꺼내지 않아 그렇지 이 세상에는 소위 성공담보다 실패담, 즉 망한 이야기가 더 흔하고 많다. 성공담은 그 자체로 마케팅 효과가 있어 더 크게 떠벌려지는 반면, 실패에 대한 이야기는 상대적으로 조용하게 파묻혀 있다. 개인적인 바람으로는 실패 이야기가 더 활발히 오가는 사회가 되었으면 좋겠다. 실패담 자체가 아주 소중한 가치를 지니고 있어서다.

자기가 겪은 시행착오와 실패의 경험을 공유하면, 비슷한 처지의 다른 사람들에게 좋은 반면교사가 되어줄 수 있다. 또 실패에 대한 인식 자체와 실패를 바라보는 분위기 자체가 달라지므로 도전을 두려워하지 않는 데도 도움이 된다. 핀란드에서는 매년 10월 13일을 '실패의 날'로 정했는데, 실패를 숨기고 부끄러운 것으로 여기기보다 사회의 자산으로 만들고, 실패로부터 교훈을 얻기 위해 제정한 날이라고 한다. 이 실패의 날에 영감을 받아 콰타드림랩에서도 실패의 날을 개최했는데, 앞으로 우리나라에도 실패를 공개적으로 나누는 문화와 시스템이 정착되면 좋겠다.

어디에도 한 번의 실패도 겪지 않고 무언가를 이뤄낸 사람은 없다. 세계적인 애니메이터이자 픽사와 월트 디즈니 CEO 에드 캣멀도 다음과 같이 말했다. "많은 사람의 사랑을 받은 작품의 면면을 살펴보면, 모두 처음의 초안과는 전혀 상관없는 결과물이었다. 마침내 나와 픽사의 직원들은 깨달았다. 첫 번째 버전은 언제나 실패작이라는 것을. (⋯) 아이디어와 창의성의 진보는 백지 위에 처음 밑그림을 그리는 순간과 그렸던 밑그림을 지우고 그 위에 다시 그리는 순간 사이에 존재한다." 첫 번째는 언제나 실패작이고, 이 실패작을 지우고 다시 그릴 때 성공을 향해 한 발자국 더 나아갈 수 있다는 것이다.

생각해보자. 우리가 무언가를 시작하지 못하는 이유가 무엇인가? 실패하면 인생을 망칠 수 있다는 두려움과 불안이 우리 발목을 붙잡기 때문이다. 미지의 세계에 대한 두려움은 생존을 위한 본능이다. 그래서 그 두려움은 저절로 해소되지 않는다. 성공을 향해 나아가기 위해 실패는 필연적인 거라고, 실패를 재해석하는 시간이 필요하다. 얼마나? 바로 매일! 매일 자기 안의 불안을 가만히 응시하고, 실패와 실수를 성공을 향해 가는 과정상 꼭 필요한 자산으로 재해석하는 시간을 의식처럼 가져야 한다. 인간의 마음에도 관성의 법칙은 적용되기에 매일 그런 시간을 내야 실패를 실패로만 보려는 관성을 이겨낼 수 있다.

너무 바빠 생각할 시간이 없는 사람들

대면 상담을 할 때 나는 방법을 모르는 사람보다 이유를 모르는 사람에게서 문제의 심각성을 더 크게 느낀다. 방법은 하나하나 알아 나가고 배워가면 되지만, 이유는 그럴 수 없고 스스로 생각해야 하기 때문이다. 나조차도 날마다 크고 작은 사업적 결정을 내려야 할 때가 많아 일과 중에는 문제 해결 방법에 집중할 때가 많다. 그러니 의도적으로 매일 아침에 시간을 내서 이유를 생각하려 애쓴다. 그때가 아니고서야 한창 사람을 만나고 급한 일을 처리해야 하는 낮에는 '왜'를 고민하고 분석할 여유가 없다.

어린 시절 동네 어귀에 연탄 배달을 하는 할머니가 계셨다. 할머니는 이따금 놀이터를 오가는 나를 불러다가 할머니가 연탄 배달을 가신 사이 잠시 가게를 맡아 달라고 부탁하셨는데, 그때 가게에 가만히 앉아 창고 가득 빼곡하게 쌓여 있던 연탄을 지켜보았던 기억이 생생하다. 힘겹게 연탄 배달을 하시던 할머니가 사고로 갑자기 돌아가시면서 가게를 지키는 일은 더는 없었지만, 그 기억 때문인지 연탄을 생각하면 늘 애잔한 마음이 든다. 갑자기 웬 연탄 이야기인가 하니, 바쁜 하루를 보내고 나면 스스로가 다 타서 하얗게 재만 남은 연탄같이 느껴져서다.

그만큼 뜨겁게 불사르며 하루를 보냈다는 보람은 남지만, 왜 그렇게 했는지 이유를 모른다면 그 열정을 오래 지속하기 어렵다.

30대 중반인 P가 콰타드림랩을 찾아온 것은 5년간 준비한 공무원 시험에서 연거푸 고배를 마신 후였다. 그녀는 대학에서 식품공학을 전공했는데, 남들 보기에 부끄럽지 않은, 자신과 부모가 허용할 수 있는 학교를 먼저 정하고 학과는 점수에 맞춰 선택했다. 학과 공부는 당연히 재미가 없었고, 뜨뜻미지근하게 4년을 보낸 후 법원에 계약직으로 취직했다. 거기서 한 사무실에서 똑같은 일을 하는데도 계약직인 자신과 공무원은 앞으로 펼쳐질 길이 다르다는 것을 깨닫고 공무원 준비에 돌입했고, 매해 고비를 마시다가 어느덧 5년이란 시간이 흘러버렸다.

20대 중반인 K는 인도에서 오랫동안 유학하다 집안 사정 때문에 공부를 마치지 못하고 최종 학력 고졸인 채로 귀국했다. 귀국 후 그는 1년 반은 은둔 생활을, 1년 반은 바리스타 자격증을 따서 카페에서 최저시급을 받으며 일을 했다. 원래 그의 꿈은 물리치료사였다. 인도에서 받은 무릎 수술이 잘못되어 두 번째로 인공 연골을 이식하는 수술을 했는데, 무릎을 제대로 구부리지도 못했던 그가 인공 연골 이식 후 꾸준한 재활 치료로 무릎 부상을 회복했단다. 이 과정에서 감명받은 그는 해외에서 체계적으로 공부해서 뛰어난 물리치료사가 되겠다는 꿈을 품게 되었다. 모든 게 순조롭게 흘러가는 듯하다 자기가 원치 않는 방향으로 인생이 틀어져버리자 마음 갈피를 잡기 어려웠고, 3년 동안 방황하다 혹시나 하는 마음으로 콰타드림랩을 찾아온 것이었다.

C는 대구 지역 유명한 의사의 아들이다. 아버지 손에 이끌려 콰타드림랩을 찾아온 그는 매우 착하고 예의가 발랐다. 그런데 내가 보기에 그는 너무 차분하고 순했다. 자신을 적극적으로 표현하지 않았고, 한 시간 이상 대화를 나눠봤지만 본인이 무엇을 원하는지 아직 잘 모르는 것 같았다. 그러다 보니 그에 관해 인상이 남은 것이 별로 없다.

우리도 다르지 않다. 실은 아주 비슷하다. 자기 내면이 무얼 원하는지 깊이 고민한 후 선택하기보다는 남의 시선과 체면을 의식해 선택하고, 계획대로 풀리지 않으면 실패로 인식하고 쉽게 절망하고 포기한다. 모두 자신이 무얼 원하는지 잘 모르기 때문에 나타나는 면면이다.

20대 중반부터 수만 명의 사람을 강연장에서 만났고, 수백 명의 사람을 일대일 컨설팅으로 만났다. 그러다 보니 사람에 관한 데이터가 꽤 많이 쌓였다고 자신하는데, 사연은 여러 가지이나 그들이 커다란 문제에 봉착한 이유는 대개 하나로 귀결되는 것을 확인할 수 있었다. 바로 충분히 생각하지 않은 것이 이유였다. 충분히 생각하지 않고 전력을 기울이다 연탄재처럼 하얗게 타버리기도 하고, 충분히 생각하지 않았으니 열정도 없이 되는 대로 지내다가 무언가가 계기가 되어 후회가 물밀 듯 밀려온다.

무작정 열심히 하기 전에 자기 자신을 제대로 아는 것이 먼저다. 자기가 진정 원하는 것과 향하는 곳을 분명히 알면 타인의 목소리에 휘둘리는 일도 줄어든다. 모든 것이 천천히 제자리를 찾아가기 시작한다. 주변에서 들려오는 소음을 차단하고, 내면의 목소리에 집중하면 가능하다.

지금 쥐고 있는 돈의 크기는 중요치 않다

콰타드림랩에는 주로 취업, 진로에 대한 고민을 지닌 사람들이 온다. 앞서 언급한 청년 P와 K도 그랬다. 생계가 어려운 이가 찾아오면 고민의 무게는 더욱 무겁다. 그의 문제를 즉시 해결해줄 수 있다면 좋겠지만 그런 일은 불가능하다. 대신 우리는 그가 자신이 안고 있는 고민을 다각도로 분석하고 새롭게 해석할 수 있도록 돕는다. 때론 불편하고 직설적이지만 예리한 질문을 던져 그의 시야를 환기한다. 이 질문이 파동을 일으켜 그의 감정과 생각을 흔들면 반은 성공이다. 그게 그의 인생의 전

환점이 되어줄 것이기 때문이다.

계속 '나를 알고 꿈을 찾아가기 위해 콰이어트 모닝이 필요하다'라고 이야기하니 너무 이상적인 게 아닌가 생각할지도 모르겠다. 그러나 매일 아침 자기를 단련하며 큰 부와 함께 성공을 이뤄낸 수많은 거인들의 삶이 증명하듯, 콰이어트 모닝은 돈을 버는 것과도 아주 밀접한 관련이 있다. 생계 문제로 콰타드림랩을 찾은 이들에게 우리가 제시하는 해결책도, 결국 돈을 지속적으로 벌게 해주려는 것이다. 자존감을 지키며 인간답게 살기 위해서는 돈이 필요하다. 그리고 어떤 일을 하는지는 자신의 정체성과도 연결되어 있는 중요한 문제이기도 하다.

우리가 아는 세계적인 부자들도 모두 좋은 모닝 루틴을 가지고 있다. 그들은 매일 아침 그날 자신이 만나게 될 좋은 기회와 사람을 놓치지 않기 위해 마인드를 벼린다고 한다. "시간당 20달러를 벌던 신출내기 변호사 시절, 나는 나의 가장 소중한 고객은 '나'라고 결론을 내렸고, 매일 아침 한 시간을 다른 누구도 아닌 나에게 팔았다. 그래서 건설과 부동산 관련 일에 집중할 수 있는 시간을 마련했고, 그 뒤로 모든 게 바뀌었다." 가치 투자의 대부 찰리 멍거의 말이다. 세상 누구보다 소중한 나를 위해, 찰리 멍거가 했듯 매일 작은 시간을 떼어 실험해보고 싶지 않은가? 그로 인해 내 인생이 달라질 확률이 조금이라도 있다면 말이다.

2020년부터 매해 대구 창업기숙사에 입주해 있는 청년 기업가들과 주기적으로 만나는데, 그들이 내게 가장 많이 하는 말은 이것이다. "돈이 없어 사업을 못 해요." 얼핏 맞는 말 같다. 물론 자금이 풍족하면 사업을 하기 편한 건 확실하지만, 많은 자금이 반드시 성공을 보장하지도 않고 돈이 없어도 할 수 있는 일이 있으므로 반만 맞는 말이다. 자금이 없어도 성공할 여지가 있는 게 사업이다. 만약 그 창업가에게 돈이 될 만한 기획과 사업 모델이 있고, 그걸 실행할 수 있는 팀만 갖춰져 있다면 돈이 없다 해도 자금 레버리지를 일으켜 사업을 시작할 수 있다.

단, 돈은 갚을 수 있을 때만 빌려야 한다. 자신이 준비하는 사업 모델이 확실히 수익성이 있고, 지속 가능한 수익을 통해 빌린 돈을 완전히 상환할 수 있다고 스스로 확신할 때 타인 자본을 끌어와야 한다. 가장 이상적인 모습은 돈이 필요한 창업가가 "저 좀 도와주세요"라고 말하며 다니지 않았는데도 그 창업가에게 투자하고 싶은 투자자가 나서서 "제 돈을 받아주세요" 하는 것이다. 스스로 투자 설명회를 열어 주변 사람들이 자기가 벌이려는 사업에 대해 어떤 반응을 보이는지 살펴보면, 어느 정도 답이 나온다.

뛰어난 창업가들 대부분은 수없이 많은 거절 속에서 자신을 단련했고, 결국 자기 손을 잡아준 엔젤 투자자와 함께 비상했다. 알리바바의 마윈은 소프트뱅크 손정의에게 투자를 받았고, 스티브 잡스도 애플이 쓰러지기 직전 여러 엔젤 투자자의 도움을 받아 일어섰다. 모두가 안 된다고 할 때 뛰어난 창업가와 그를 알아본 투자자가 함께 미래를 그리고 마침내 이뤄냈다. 실패를 실패로 보지 않고, 거절당해도 굽히지 않은 이들이 꿈을 이루었다. 돈보다 멘탈이 더 중요한 이유다.

가진 것이 적다 여기고 머뭇거리는 이들에게 말하고 싶다. 중요한 건 지금 손에 쥐고 있는 돈의 크기가 아니라고. 모든 것을 갖추어야 한다는 강박에서 벗어나서, 부족하고 불완전한 채로 시작하되 차근차근 채워가겠다는 마음가짐이 가장 중요하다. 나를 키우고 그릇을 키우면, 결국 그 그릇에 좋은 것이 모이는 법이다.

3

홀로 있는 시간이
주는 것들

하나, 지속가능성

내가 사람들에게 가장 많이 듣는 말은 바로 이것이다. "당신
진짜 부지런하네요."

부지런하다는 건 게으름을 피우지 않고 무언가를 항상 열심
히 하고 있다는 것이다. 사람들 눈에 비치는 나는 항상 무언가
를 분주하게 하고 있기 때문에 아주 부지런한 사람으로 보일 것
이다. 틀린 말은 아니다. 그러나 한편으로 나는 아주 게으른 사
람이다. 무언가를 분주히 하는 시간만큼이나 아무것도 하지 않

는 시간도 많기 때문이다. 무언가를 하는 시간만큼 의도적이고 강제적으로 휴식을 갖는 것이 얼마나 중요한지 깨닫게 된 사건이 있었다.

몇 해 전 친구의 아내로부터 다급한 전화를 받았다. 친구가 유서를 쓰고 집을 나갔는데 찾을 길이 없다는 것이었다. 당시 서울로 운전 중이던 나는 휴게소에 차를 세워두고 모든 인력을 동원해 친구를 찾았다. 조금만 늦어도 친구를 잃을지 모른다는 불안감과 절친한 친구가 그 지경이 되기까지 왜 몰랐을까 하는 죄책감에 마음이 다급해져만 갔다. 다행히 친구는 무사했고, 얼마간 심리 치료를 받으며 천천히 일상으로 돌아왔다. 부족함 없고 안정적으로 보이는 친구가 왜 그랬을까 한동안 의문을 품었는데, 친구의 이야기를 듣고 보니 왜 그랬는지 이해할 수 있을 것 같았다. 친구는 7년간 자신을 제대로 돌보지 않은 채 앞만 보고 열심히 살았다. 그러다 보니 공허와 방전, 깊은 우울감이 수시로 엄습해왔고, 결국 소중한 가족까지 등질 결심을 했다. 항상 부지런한 사람은 결국 오래가지 못한다. 몸이 배겨날 수 없기 때문이다. 신체적으로 쇠약해지면 정신도 함께 약해지고, 결국 번아웃이 오고 만다.

콰이어트 모닝을 아침 일찍 일어나 열심히 달려가라고 채찍질하는 시간으로 오인하면 안 된다. 오히려 레이지 모닝Lazy

Morning에 더 가깝다. 경주마는 한번 전속력을 다해 달리고 나면 4~5주는 쉬어야 다음 경기에 출전할 수 있다고 한다. 우리도 그렇다. 최선을 다해 살아가되, 강제적으로 멈춰 쉬어야 하는 시간을 두어야 제 기량을 펼치며 살 수 있다. 매일 고요한 아침을 따로 떼어둔다는 것은, 완전히 방전되지 않도록 틈틈이 나를 채워가겠다는 의지의 표현이다. 콰이어트 모닝은 경주마가 재정비 후 다시 힘차게 뛸 수 있도록 힘을 더해주는 시간과 같다.

우리 집 아이들이 숙제나 심부름 등을 앞두고 입버릇처럼 하는 말이 있다. "귀찮아, 안 할래." 동기부여를 해주며 살살 달래면 아이들은 곧잘 해내지만, 문제는 다 큰 어른이다. 어른 곁에는 동기부여해가며 살살 타일러주는 사람이 없기 때문이다. 그래서 스스로 해내는 수밖에 없는데, 무기력이 심해지면 아무리 쥐어짜도 에너지가 생기지 않는다.

생각을 한번 전환해보자. "귀찮아, 안 할래"가 무조건 나쁜 것만이 아니라고. 아무것도 하지 않는 시간도 무언가를 치열하게 해내는 시간만큼이나 중요한 재충전과 도약의 시간이라고 재해석하는 것이다. 역으로 이렇게 바라보고 자신을 쉬게 할 때, 다시 무언가를 시작해볼 힘이 생긴다.

지친 나를 몰아세우지도 포기하지도 말고, 고요히 머물면서 몰입과 휴식의 밸런스를 찾아가는 것이 중요하다. 매일 아침 혼자서 충분히 게으르게 시간을 보내며 휴식함으로써, 하루를 살아갈 힘을 얻을 수 있다. 잘 쉬는 방법에 대해서는 챕터 4에서 보다 상세히 설명하겠다.

둘, 집중력

지난 몇 해 동안 각 분야에서 크게 성공한 사람들을 만날 기회가 종종 있었다. 주로 콰타드림랩이 주최하는 행사에 연사나 강사로 초빙하거나, 언론사 인터뷰 자리에서였다. 2021년 사모펀드에 자기 회사를 600여억 원에 매각한 사업가 Y와는 2022년 처음 만났다. 그는 큰 성공을 이룬 사업가였지만 자신을 드러내기를 좋아하지 않아 어디서든 그의 이야기를 듣기 쉽지 않았는데, 드디어 그와 대화할 기회가 생겼다. 그는 다소 민감한 사안에 대해서도 흔쾌히 답변해주었고, 나는 그와의 대화를 통해 선택과 집중, 몰입이 얼마나 큰 위력을 지니는지 깨달았다. 그는 철저하게 자신이 잘할 수 있는 사업을 택해 거기에 집중했고, 그 결과 해당 사업 분야에서 괄목할 만한 성공을 이루었다.

Y뿐만 아니라 수백억 원의 자산을 일군 성공한 기업가 면면을 보면 하나같이 고도의 집중력을 발휘한 사람들이다. 여기

서 고도의 집중력은 '열심' 정도가 아니다. 자기 인생을 통째로 갈아 넣은 듯한, 광기에 가까운 집중력을 말한다. 하루 중 깨어 있는 시간, 일주일, 1년 내내 그것만을 생각하고, 이렇게 수년을 보내며 마침내 결과물을 만들어내고야 마는 집중력 말이다. 이들의 삶은 대체로 아주 심플하다. 삶이 하나의 목적을 위해 일목요연하게 정리되어 있다. 그 하나를 제대로 하기 위해 아침부터 저녁까지 루틴대로 하루를 보낸다. 그런 하루하루가 쌓여 작은 차이를 만들고, 결정적인 순간에 그 작은 차이가 결국 인생의 향방을 좌우하는 한 방을 만든다. 무엇이 이토록 무서운 집중력을 발휘할 수 있게 하는 걸까?

그들은 명확한 목표가 있다. 이를테면 부모에게 물려받은 빚이 많은 이들은 이 빚을 갚고 경제적 자유를 획득하겠다는 명확한 목표가 있다. 그들은 이 목표에 초점을 맞춰 모든 의사결정을 내리고, 이 목표를 달성하는 데 도움이 되고 유익한 일에는 시간과 에너지를 쓰고 그렇지 않은 일에는 철저히 신경을 끈다. 사업가 Y도 그런 사람이었다. 다양한 사업을 동시에 진행했던 그는, 코어 사업 하나에 집중하기 위해 수익이 꽤 괜찮은 다른 사업들을 과감히 정리하고 자신이 선택한 한 사업에만 10년을 헌신했다. 그리고 마침내 600억 원이 넘는 금액을 보상받고 자기 사업을 매각했다.

그의 사례를 보면 알 수 있듯 무엇을 할지 판단하는 것보다 중요한 건 무엇을 하지 않을지 판단하는 것이다. 그런 판단을 하기 위해서는 본질을 꿰뚫어보는 통찰력과 자신의 상황을 정확히 인식하는 솔직함이 필요하고, 실제로 포기하기 위해서는 생각보다 강한 용기와 대담함이 필요하다. 꾸준히 혼자만의 고요한 시간을 갖고 자신을 성찰한 사람만이 가질 수 있는 무기인 것이다.

다중지능 이론으로 유명한 교육심리학자 하워드 가드너도 한 분야에서 괄목할 만한 성과를 낸 '블랙 다이아몬드' 집단을 연구한 결과, 그들 모두 외부에서 오는 신호를 차단하고, 자기 분야에 아주 깊게 몰입한 것에 성공 비결이 있다고 했다. 한편 몰입은 시간의 한계성을 인식하는 지혜에서 오는 것이다. 축구선수 손흥민이 그토록 뛰어난 선수가 될 수 있었던 데에는 아버지 손웅정의 지도가 있었다. 그의 아버지가 손흥민에게 "운동할수 있는 기간은 한정되어 있다. 1년 1년 은퇴를 늦추겠다는 마음으로 매일 집중해라"라고 강조했다고 한다. 매일 집중하는 사람의 하루는 집중하지 않은 채로 살아가는 이의 하루와 다를 수밖에 없다. 삶의 군더더기를 버리고 중요한 것에 몰입할 때, 각자가 지닌 고유한 진가가 드러나기 시작한다.

셋, 균형감각

한편 무언가에 고도로 집중하다 보면 다른 것을 놓치기도 한다. 가게 몇 군데를 동시에 운영하는 S는 하루 매출만 수천만 원에 이르는 나름의 성공을 일군 사업가인데, 하루는 출근길에 딸아이가 이렇게 말했단다.

"아빠는 왜 그렇게 늘 일찍 나가서 늦게 들어와?"

"아빠가 돈을 벌어야 엄마랑 우리 공주 맛있는 거 많이 먹고 예쁜 거 많이 사지."

"그럼 내가 적게 먹고 예쁜 거 안 사면 아빠랑 더 시간을 보낼 수 있는 거야?"

그는 적잖은 충격을 받았다. 그가 사업에 집중하며 보낸 그 시간이, 그와 함께하는 시간이 필요했던 딸아이에게는 결핍의 시간이었던 것이다.

H가 콰타드림랩을 찾은 것은 2021년 겨울이었다. 10여 년간 세무공무원 시험 준비만 하다 어느덧 30대 중반이 되어버렸다며 H는 눈물을 글썽였다. 공부만 하느라 수입이 없는 것은 물론이고, 대학 졸업 후 고시원과 학원을 오가는 동안 가족, 친구들과 시간 한번 제대로 보내지 못해 인간관계까지 단절되어 있었다. H는 밤마다 술 없이는 잠을 못 자는 알코올 의존증에까지

이르렀다고 고백했다. 몇몇 공무원과 대기업의 경우 몇 백 대 일의 경쟁률을 뚫고 들어가야 한다. 그 작은 구멍을 통과하지 못하면, 오랜 세월 시험만 준비하는 이른바 공시 낭인이 되어버린다. 나는 2017년부터 2천 명 이상의 신규 임용 공무원을 대상으로 강의를 해오고 있는데, 앞으로 더 이뤄가고픈 목표가 있느냐고 물어보면 강연장이 숙연해진다.

공공기관이나 공기업이 안정적인 직장인 건 확실하지만, 사실 누구에게나 좋은 직업 같은 건 없다. 자신의 성향이나 성장 방향에 따라 얼마든지 다른 가능성이 열릴 수 있는데 애초에 안정성만을 위해 다른 기회를 차단하는 건 누군가에겐 굉장히 아쉬운 일일 수 있다. H 역시 다른 가능성을 아예 찾아보지도 않은 것 같았기에 우리는 그에게 우선 다른 가능성을 찾아볼 것을 제안했고, 결국 그는 노력 끝에 지역 중소기업에 취직해 자신의 일에 큰 보람을 느끼며 사회생활을 잘해 나가고 있다.

오랜 기간 열심히 매달린다고 해서 그 노력이 성공을 보장해주지 않는다. 또 성공했다 해도 그 성공이 정신적, 정서적 충만함과는 동떨어져 있다면, 그 성공은 반쪽짜리다. S는 하는 일이 잘되고 경제적으로도 승승장구해서 자기 삶이 잘 돌아가고 있다고 생각했지만, 그에게 중요한 의미를 지니는 사람과의 정서적 관계에서 문제가 생기고 있었다. H는 시험 합격만 바라보고 시간을 보내는 동안 그 외의 모든 것이 무너져 내리고 있었다. 이럴 때 냉철하게 자기 상황을 판단하고, 어떤 사안으로 인해 삶의 균형이 무너지고 있는지 파악해서 대안을 찾아야 한다. 내 몸과 내가 소중하게 여기는 사람들이 비상사태를 선언하고 경고를 외치기 전에 말이다.

인생에서 더 치고 나아갈 때와 포기할 때를 판단하는 결정은 어렵다. 또 신중하게 생각한 후 내린 결정이라 해도 약간의 후회는 남을 수 있다. 우리가 가보지 않은 길에 대해서는 끝까지 알 도리가 없어서다. 이럴 때 후회가 가장 적은 길은 바로 자기 자신의 내면이 원하는 것에 귀 기울이고, 그것이 옳다고 믿는 것이다. 자기 내면의 목소리를 듣기 위해서는 홀로 고요 속에 머무는 시간이 필요하다.

애플의 창업자 스티브 잡스가 열일곱 살 때 어떤 책에서 다음과 같은 문장을 발견했다고 한다. "당신이 매일 하루를 마지막 날인 것처럼 산다면, 당신은 옳은 삶을 살게 될 것이다." 이 문구에 깊은 인상을 받은 잡스는 그때부터 매일 아침 거울을 보며 '오늘이 내 인생의 마지막 날이라면 지금 내가 하려는 일을 하고 싶을까?' 묻고, 잠잠히 자기 안에서 우러나오는 목소리를 들었다. 그 목소리가 아니라고 하면, 과감하게 결정을 바꾸었다.

이렇듯 죽음, 즉 시간의 한계성을 인식하는 것은 자기 자신이 진짜 원하는 것이 무엇인지 알고, 우선순위를 매기는 데 도움을 준다. 또 그 어떤 것보다 자기 내면의 목소리에 귀 기울일 수 있도록 해준다. 시간의 유한함을 생각하면 남의 시선, 체면, 좌절과 실패에 대한 두려움 따위는 더 이상 중요하지 않기 때문이다. 스티브 잡스가 했듯 매일 아침 거울 앞에서 스스로 점검해봐도 좋다. 오늘이 내 삶의 마지막 날이라 해도 지금 하는 이 일을 계속하고 싶은가? 오늘이 내 삶의 마지막 날이라면, 출근길에 가족들에게 어떤 표정으로 어떤 말을 하고 집을 나설까? 아무 생각 없이 시작한 하루와는 분명 다를 것이다.

넷, 절제

현재 우리는 인류 역사상 가장 풍요로운 시대를 살고 있다. 당장 인스타그램만 열어도 모두 경쟁적으로 더 맛있는 것을 먹고, 더 예쁜 옷을 입고, 더 멋진 곳으로 여행을 떠나느라 여념이 없다. 돈을 버느라 정신없이 바쁜 만큼, 또 돈을 쓰느라 분주한 시간을 보낸다. 그런데 그렇게 욕구를 채워도 생각보다 만족도는 오래가지 않는다. 오히려 다들 나보다 더 재미있고 풍요롭게 사는 것 같아 박탈감이 생길 때가 더 많다. 무한히 제자리를 맴도는 욕망의 쳇바퀴를 탔다고나 할까.

이런 문제에 시달리고 깊이 고민한 건 풍요로운 시대를 살고 있는 현대인만이 아니다. 이미 고대의 철학자들은 그 까마득한 시절에도 이 문제를 정확히 인식하고 있었고, 그래서 어떻게 살아야 하는지에 대한 실천적인 답을 내놓았다. 그 덕목이 바로 '절제'다. 절제는 플라톤의 사주덕 중 하나이기도 하고, 노자가 『도덕경』에서 가장 강조한 덕 중 하나이기도 하다. 인간이 행복해지기 위해서는 헛된 욕망에서 자유로워지는 법을 반드시 배워야 하는 것이다.

어느 대학 멘토링 세션에서 만난 60대 남성은 한때 막대한 부를 일궜지만 지금은 지방 소도시의 30평대 집 한 채만 남기고 모두 날렸다며 푸념했다. 카지노, 유흥, 그리고 돈을 보고 접근한 몇몇 이성에게 넘어가 2년여 만에 모조리 잃었다고 했다. 예전처럼 돈을 벌어서 재기할 수 있을 거라 믿었지만, 그런 기회는 찾아오지 않았다. 큰 부를 창출할 수 있는 시기가 여러 번 찾아오는 사람은 드물다. 그는 번 돈을 잘 관리해서 증식해야 할 시점에 절제하지 못하고 욕망의 노예가 되어 향락과 과소비를 일삼다가 모든 것을 날려버리고 말았다.

힘들 때, 어려울 때는 오히려 절제가 어렵지 않다. 돈이 없으니 어쩔 수 없이 아끼고, 몸이 아프니 어쩔 수 없이 음식을 가려 먹고 운동을 한다. 오히려 바라던 것을 이뤘을 때, 우리가 인생의 상승기를 맞이했을 때 절제하기가 어렵다. 그런데 오랜 시간 노력해서 좋은 시기를 맞이했을 때, 그 기운을 유지해 좋은 인생을 이어가기 위해서는 절제할 줄 알아야 한다. 모든 일이 잘 풀리고 행복하다고 느낄수록 더욱 그렇다. 좋은 상태를 지속 가능하게 하는 것은 절제다. 그런데 이 절제는 그냥 마음먹는다고 절로 생기는 덕이 아니다. 고대 철학자들이 이야기하는 바와 같이 꾸준한 훈련이 필수적이다.

절제는 철저한 비움과도 연결되어 있다. 나에게 꼭 필요한 것이 아니면 내려놓겠다는 마음. 욕심을 비우고, 자족과 겸손으로 마음을 채우는 것. 필요한 순간 절제를 발휘할 수 있으려면 꾸준한 훈련이 필요하다. 우리는 자연히 두면 어떻게든 욕심을 채우고, 늘리려는 방향으로 가게 되어 있다. 쥐고 있는 것이 많으면 더 쥐고 싶어 한다. 그것이 본능이기 때문이다. 그래서 세계에서 내로라하는 정상에 오른 이들도 매일 아침 명상을 통해 마음을 비우고 욕심을 비운다. 매일 절제를 훈련하는 것이다.

바쁜 시간을 비워 고요한 시간을 만들고, 꾸준히 자기 안을 살펴 군더더기를 비우는 것. 불필요한 것들을 비워내고, 중요한 것만 남기는 것. 절제는 콰이어트 모닝이 내실 있는 인생을 위해 우리에게 건네는 최고의 선물이다.

다섯, 동기부여

이 책을 읽고 '이제부터 매일 아침 콰이어트 모닝을 실천하 겠어!'라고 다짐했다 하자. 훌륭한 결심이지만 이 결심을 꾸준 히 실천하려면 지속적으로 동기부여가 되어야 하는데, 동기부 여는 의지로만 되는 게 아니다. 나는 나를 비롯해 많은 사람이 자기 의지만 믿고 해낼 수 있다고 외치다가 맥없이 쓰러지는 경 우를 숱하게 보았다. 의지는 불꽃같다. 찬란히 피어올랐다가도 한순간 사라질 수 있는 불꽃. 불꽃이 꺼진 뒤 더 깊은 공허함과 어두움이 밀려들면, 다시는 의지를 불태우지도 새로운 시도도 하지 말자는 잘못된 결론에 다다를 수 있다. 이른바 학습된 무 기력이 찾아온다.

그렇다면 어떻게 해야 할까? 환경과 구조를 만들어두면 된 다. 동기가 고취되고 유지되는 시스템 속에서 우리는 무언가를 지속해갈 수 있다. 자신이 그 상황에 계속 머물 수밖에 없는 구 조를 스스로 설계해버리는 것이다. 자기가 이루고자 하는 것을 생각하고, 그 일을 하기 위한 동기가 내면에서 늘 퐁퐁 솟아오 르도록 환경을 만들어보자. 예를 들면 영어 공부를 하고 싶다면, 의지를 불태우는 것에 그치지 말고 영어를 공부할 수밖에 없도 록 환경을 구축하는 것이다. 모두가 그렇게 할 수는 없겠지만 나는 영어를 늘 곁에 두고 싶어 영어를 모국어로 하는 직원들을 채용했고, 심지어 아예 어학원을 차리기도 했다. 영어를 쓸 수밖에 없는 환경으로 나를 계속 몰아간 것이다.

　내면에서 샘솟는 동기가 인생을 이끌어 나가게 하고 싶다면, 자기가 바라는 인생상을 매일 떠올리는 시간이 필요하다. 정작 자기가 바라는 인생의 상을 구체적으로 떠올리는 경우가 많지 않다. 대개는 막연히 해야 한다고 하니, 진학과 취업을 준비하고 회사에 다닌다. 자기가 바라는 하루의 모습, 인생의 모습을 되도록 자세하게 스케치하는 것이 좋다. 나는 내가 타고 싶은 차, 살고 싶은 집의 모습도 아주 상세하게 머릿속에 그려놓았다. 이렇게 하는 이유가 있다. 우리 뇌에는 망상 활성계RAS, Reticular Activating System라는 부분이 있다. 감각기관으로 입력되는 거의 모든 정보가 바로 이 망상 활성계를 거쳐서 뇌로 들어간다. 뇌가 바깥세상에서 받아들이는 정보를 걸러주는 이른바 필터 같은 것이다. 중요한 건 우리의 경험과 생각이 이 필터를 프로그래밍한다는 점이다. 망상 활성계를 바꾸면 세상을 받아들이는 인식이 달라지고, 달라진 인식이 인생을 바꾸어 나간다. 망상 활성계 활용법에 대해서는 챕터 3에서 더 자세히 다룰 것이다.

　하루 10분, 조용한 공간에서 나 홀로 영화 상영회를 열어보자. 인생을 한 편의 영화라 생각하고, 마치 '미리보기'를 편집하듯 매일 아침 내 인생의 하이라이트를 떠올려보는 것이다. 어떤 광경들로 그 하이라이트를 채우고 싶은지 구체적으로 상상하며 머릿속으로 미리 경험해보자. 이때의 상상이 뇌를 바꾸어가는데, 여기에는 그것 말고 다른 이점도 있다. 멋진 인생을 떠올리며 하루를 기대감으로 시작하면, 그날 어떤 실패와 실수를 했을 때 훨씬 더 여유 있게 이를 넘길 수 있다.

매일 아침 홀로 고요한 시간을 보낼 때, 혹시나 계속 잡다한 생각이 떠오르면 어쩌나 하는 두려움은 가질 필요 없다. 방황하는 마음은 지극히 정상이다. 어떠한 생각이 떠올라도 포기하지 않고 꾸준히 나만을 위한 시간을 갖는다는 사실이 중요하다. 많은 사람이 쉽게 타오르고 금세 꺼진다. 자기 안에서 피어오르는 의심과 불안, 초조함을 다스리는 법을 알지 못해서다. 감정적으로 좋은 상태일 때는 과감하게 도전해보자고 마음먹었던 일들이 시간이 흐르면 어느새 두려움, 낮은 자신감으로 금세 쪼그라든다. 그래서 매일 세상의 풍파와 주변 사람의 비난, 조롱, 멸시에 쪼그라든 자신을 다시 일으켜 세울 시간이 필요한 것이다.

4

내 삶을 더
사랑하게 된다

작은 성공으로 시작하는 아침

전설적인 농구 스타 마이클 조던과 코비 브라이언트는 이른 시간 고독함 속에서 훈련을 거듭했고 최고의 플레이어가 되었다. 무라카미 하루키와 스티븐 킹은 고요한 새벽에 글쓰기를 시작하고, 팀 쿡과 제프 베조스는 이른 새벽부터 빠르게 업무에 몰입한다고 한다. 이들도 처음부터 자연스럽게 아침 일찍 일어나 하루를 시작했을까? 그들이라고 처음부터 아침에 이불을 박차고 일어나기가 쉬웠을 리 없다. 아마 초반에는 저 루틴을 정착시키기 위해 부단히 노력했을 것이다. 무엇이든 변화는 불편함을 동반하게 마련이니까.

아침 일찍 일어나야 한다는 부담이 아침 루틴을 만드는 데 오히려 방해 요소로 작용할 수 있으니, 시간에는 집착하지 말자. 사실 새벽 5시 전후로 일어나든, 아침 7시에 일어나든 크게 상관없다. 그보다는 일어난 그 시간부터 홀로 고요히 보내며 차분하고 평화로운 마음으로 하루를 시작하는가가 중요하다. 아침에 혼자만의 시간을 내기 힘들다면, 낮도 좋고 저녁도 좋다. 콰이어트 모닝의 방점은, 굳이 찍어보자면 '콰이어트'에 있기 때문이다.

그럼에도 되도록 아침을 권하는 이유는 본격적인 일과가 시작되기 전 시간이기 때문이다. 하루를 어떻게 살지 마음가짐을 정비하기에 아침만큼 좋은 시간대가 없다. 전쟁에 나서기 전 출정식을 준비하는 마음으로 보내는 아침이랄까.

분명한 건 이 시간을 우리가 어떻게 활용하느냐에 따라 그날 하루 세상에 나갔을 때 나의 태도가 완전히 달라진다는 것이다. 아침부터 성공의 경험 하나를 추가했기 때문이다. 자발적으로 내가 원하는 시간에 일어나, 내가 원하는 일을 하며 하루를 시작할 때 가슴에서 차오르는 작은 성취감이 인생 전체에 미치는 파장은 매우 크다.

내가 될 수 있는 최고 버전의 나

자기계발서를 즐겨 읽는 독자라면 '최고 버전의 나'라는 표현이 익숙할지도 모르겠다. 이는 나의 변화 가능성과 성장 가능성을 온전히 받아들이는 개념으로, 긍정적인 마인드셋 없이는 절대 추구할 수 없는 가치이기도 하다.

나는 매일 눈을 뜨면 몸도 일으키기 전에 조그만 목소리로, 하지만 나에게는 분명히 들릴 만하게 이렇게 말한다. "내가 될 수 있는 최고 버전의 추현호로 오늘 하루를 살아가겠다."

쑥스러울 것 같지만, 어차피 나밖에 듣는 사람이 없으니 괜찮다. 한번 해보길 바란다. 머릿속으로 떠올리는 것과 입 밖으로 소리를 내어 말하는 건 엄청나게 달라서, 입 밖으로 소리를 내서 이야기했을 때 그 메시지가 더욱 힘 있는 영향력을 발휘한다.

그렇다면 내가 될 수 있는 최고 버전의 나란 무엇일까. 이제껏 중에 가장 똑똑하고 현명한 상태의 나를 뜻한다. 인간은 이론적으로 매일 성장한다. 이때 성장에는 성숙, 즉 늙는 것도 포함된다. 그런데 한번 스스로 되돌아보자. 생물학적으로 나이 드는 것 말고, 매일 자기 자신이 조금씩 똑똑해지고 지혜로워지는 것 같은가? 어제 못 풀었던 문제를 오늘은 풀 수 있을 것 같은가? 알베르트 아인슈타인은 문제를 만들어낸 사고 구조, 혹은 사고 능력으로는 문제를 해결할 수 없다고 말했다. 나는 이 문장을 어려움에 봉착할 때마다 되뇌곤 한다. 그렇다. 문제를 해결하려면 문제를 넘어서는 단계로 올라서야 한다.

이제 구구단 9단까지 막 알게 된 아들이 가끔 내게 구구단 퀴즈를 낸다. 세 자리 수끼리 곱하는 문제를 내고 내가 그걸 맞힐 수 있는지 기대와 설렘이 가득한 눈망울로 쳐다본다. 내가 암산 후에 답을 이야기하면 아이는 계산기에 입력한 값과 대조해보는데, 내가 암산으로 답한 숫자와 계산기 화면에 뜬 숫자가 일치하면 소스라치게 놀라며 나를 바라본다.

"아빠, 이걸 어떻게 맞혔어?"

"아빠 머리에 든 지식으로 맞혔지. 머리에 든 건 아무도 못 가져가. 그러니까 아들도 생각 연습을 열심히 해야 해. 알았지?"

나는 아들에게 공부하라는 말 대신 생각을 많이 하라는 말을 자주 한다. 생각을 많이 하는 것이 스스로를 업데이트하는 최고의 방법이라 믿기 때문이다.

초등학생 저학년이 알고 있는 구구단 기초 원리로도 충분히 세 자리 수 곱셈을 해낼 수 있다. 그러려면 머릿속에 일의 자리부터 곱한 뒤 숫자를 더하고 그다음 자릿수로 이월시키는 연산을 해낼 사고 공간이 있어야 한다. 생각의 공간을 넓히면, 해결할 수 있는 문제의 층위가 달라진다. 매일 생각하고, 배우고, 행하면서 자기를 깨고 다시 세우는 과정을 반복해야 하는 까닭이다. 어제와 오늘, 오늘과 내일의 내가 동일하다면, 어제 못 푼 문제를 오늘도, 내일도 못 풀게 될 확률이 높아진다.

우리가 쓰고 있는 스마트폰의 IOS나 안드로이드 업데이트를 떠올려보자. 기계는 달라진 게 없는데도 1년간 개발한 새로운 소프트웨어를 설치하면, 완전히 새로운 스마트폰을 쓰는 느낌이다. 기존 소프트웨어의 결함을 개선하고 새로운 기능을 추가해 전보다 더 나은 사용자 경험을 제공하기 때문이다. 최고 버전의 나를 만들어가는 과정도 이와 비슷하다. 오늘의 나는 어제까지의 경험과 지식, 영감, 깨달음의 총합이다. 오늘 나의 철학과 신념은 모두 어제까지 겪은 경험과 사고의 결과물로 구축된 체계다. 그러니 매일 아침 본격적인 하루를 보내기 전에 가만히 점검해보자. '오늘의 나는 어제의 나보다 나아질 수 있을까? 그러려면 어떤 하루를 보내야 할까?' 어제 못 푼 문제를 오늘은 풀 수 있기를 기대하면서 매일 아침 나의 소프트웨어, 즉 멘탈을 점검해보는 것이다.

미래를 여는 시간

　『콰이어트 모닝』의 초고는 모두 서른여덟 꼭지였는데, 한 꼭지를 매일 아침 한 시간쯤 들여 써내려갔다. 아침이 나에게는 하루 중 에너지가 가장 좋은 시간이기 때문이다. 글을 쓰는 일은 많은 에너지를 필요로 하는 일이지만 활력이 좋을 때 쓴 덕분에 매일 한 시간씩 집중해서 40일 만에 초고를 완성할 수 있었다.

　이처럼 컨디션, 특히 두뇌 컨디션이 가장 좋은 시간대를 어떻게 활용하느냐에 따라 일의 완성도가 달라진다. 보통 하루 일과를 다 마치고 난 밤보다는 푹 자고 난 아침에 컨디션이 좋을 확률이 높은데, 과학적으로도 아침에 깨어난 후 세 시간 동안 두뇌 활동이 가장 효율적이고 활발하게 일어난다고 한다. 잠에서 깨어나는 순간부터 우리 몸 안에는 아데노신이라는 수면을 촉진하는 물질이 쌓이기 시작한다. 아데노신은 우리가 깨어 있는 동안 지속적으로 축적되다가 밤에 충분히 잠을 자고 나면 말끔히 청소된다.

　한편 신체의 하루 주기 리듬은 새벽 4~5시쯤 최저를 기록했다가 아침이 되면 상승 곡선을 그리기 시작한다. 잠에서 깨어난 후에는 주기 리듬이 상승 곡선을 이루고, 수면을 촉진하는 아데노신은 깨끗이 청소가 된 상태이므로 두뇌가 가장 맑은 상태가 된다. 전날의 피로와 스트레스가 말끔하게 해소된 상태이기도 하다. 물론 잠을 충분히 잤다는 전제하에서다.

"나는 아침에는 혼자 조용히 있을 시간이 없어요. 오히려 오후에 혼자 있는 시간을 낼 수 있어요." 괜찮다. 명확하게 정해진 기준은 없다. 아무에게도 방해받지 않고 나 홀로 보내는 시간의 의도가 분명히 존재하고, 이 의도가 자기 비전과 미션에 일치하는 것이 중요하다. 이왕이면 세상에 본격적으로 접속하기 전인 아침이 좋지만, 그게 아니라도 하루 중 일정 시간을 떼어 홀로 있을 수 있다면 그걸로 충분하다. 스스로 자기 에너지가 가장 좋은 시간대를 파악해서, 그 시간에 자신에게 중요한 일을 하면 된다.

홀로 집중하는 시간을 통해 우리는 어제보다 더 나은 사람으로 성장해간다. 그런데 그 성장은 아주 천천히 일어나서, 본인은 알아차리기 어렵다. '매일 아침잠도 줄여가며 노력하는데 아무 효과도 없네' 하는 생각에 금방 그만두기가 쉽다. 그런데 그 임계점을 넘겨야 한다. 변화할 리 없다는 의심이 고개를 들 때마다 힘껏 떨쳐내야 한다. 유발 하라리는 "인간은 엉성한 생존 장비(뇌)로 모든 환경에 적응해왔다"라고 했다. 프리드리히 니체는 "인간은 확정되지 않은 동물"이라고 말했다. 확정되지 않은, 미래의 방향이 철저하게 열려 있는 동물이라는 것이다. 우리는 이처럼 무한한 가능성을 지닌 존재다. 그런데 자기 싹을 스스로 잘라내면서 자기 가능성을 제한한다면, 너무 억울하지 않은가.

별안간 체중이 늘 때를 생각해보자. 며칠 야식을 먹고 운동을 건너뛰면 체중이 금세 불어난다. 체중이 불어난 상태가 지속되면 몸이 그 체중을 어느새 정상 체중으로 받아들인다. 그리고 그 체중을 지키기 위해 항상성을 유지한다. 이 항상성을 깨고 예전 몸무게로 돌아가려면 그 유지 기간에 비례해 더 피나게 노력해야 한다. 우리의 정신도 마찬가지다. 오래도록 나를 믿지 못했던 불신의 기간이 길었다면, 잘못된 편견을 깨기 위해 남보다 더 많이 노력해야 한다.

분명한 건 달라질 수 있다는 점이다. 단 매일 조금씩 달라지기에 스스로 알아차릴 수 있을 때까지는 시간이 필요하다는 걸 염두에 둬야 한다. 매일 차이를 알아차릴 수 없지만 어느새 몰라보게 커 있는 아이들처럼, 우리의 생각, 언어, 태도도 조금씩, 그러나 분명히 변화하고 발전한다. 당신을 오랜만에 만나는 사람은 당신이 쓰는 언어, 신념, 행동으로 변화를 감지할 것이다. "너 어딘가 변한 것 같다. 무슨 일 있었어?" 콰이어트 모닝을 실천한 후 나를 오랜만에 만난 지인들이 실제로 했던 말이다.

우리는 살아가면서 많은 문제를 마주한다. 인생은 문제의 종합 선물 세트라 해도 과언이 아니다. 그런데 같은 문제라 하더라도 문제를 푸는 사람이 누구냐에 따라 문제 해결의 향방이 달라진다. 콰타드림랩을 운영하며 비슷한 문제에 처한 다양한 사람을 만났다. 어떤 사람이냐에 따라, 그 사람이 어떻게 변화해가느냐에 따라 전혀 다른 상황이 전개되는 것을 수차례 목도할 수 있었다. 그러므로 "이런 문제를 만나서 내 인생이 이 꼴이 됐어"라는 말은 맞지 않는다. 중요한 건 문제가 아니다. 바로 그 문제를 마주한 '나'다. 이 말은 무거운 책임감을 느끼게 하지만, 한편으로는 안도감을 준다. 어떤 문제가 닥쳐와도 자기 자신만 견고하다면, 결국 해결할 수 있다는 말이니까.

성장한다는 것은 예전에는 풀지 못한 문제를 이제는 풀 줄 알게 되는 것이다. 기존에 나를 괴롭히던 문제를 마침내 풀었다면, 이제 그 문제는 나에게 작은 문제가 된다. 반면 아직도 풀지 못하면 그 문제는 여전히 나에게 큰 문제다. 나를 계속 키워가며 문제를 하나하나 풀어가다 보면 어느새 어떤 문제들보다 더 커져 있는 자기 자신을 마주하게 될 것이다. 매일 일정 시간을 따로 빼서 자기 자신을 업데이트하는 데 쓰자. 그러면 어떤 문제가 와도 끄떡없다.

전적으로 자신을 믿어라

나는 큰 투자나 인사, 다음 진로 등 중요한 사안일수록 새벽에 결정을 내린다. 정신이 제일 명료할 때 가장 현명한 판단을 내릴 수 있다고 믿어서다. 차분한 마음으로 내가 내리는 결정이 나와 주변인들에게 어떤 파급을 일으킬지 진지하게 고민한다. 그리고 충분한 시간을 들여 생각한 후 결정을 내린 다음에는 과감하게 밀어붙인다. 행동으로 옮길 때는 의식적으로 생각을 접는 것이다. 치열한 고민 끝에 결정을 내린 나에 대한 믿음과 존중이기도 하다.

그런데 자기 자신의 선택에 대한 믿음과 존중이 없는 사람이 더 많은 것 같다. 내가 아는 어떤 전문직 종사자는 스스럼없이 자기는 아무 생각 없이 결혼했다며, 배우자와 소통이 잘 안돼 답답하고 힘들 때가 많지만 그냥 참고 산다는 이야기를 자주한다. 겉으로 내색은 않지만 왜 인생에서 가장 중요한 결정을 아무 생각 없이 하고 무미건조한 가정생활을 이어가며 상대방을 원망하는지 이해가 잘 안 된다. 어떤 청년은 큰 고민 없이 대학과 학과를 결정해 4년을 다녔는데, 먹고살 길이 잘 보이지 않아 졸업을 앞두고 다시 전문대에 입학하려 한다며 콰타드림랩을 찾아왔다. 대학 진학, 취업, 결혼처럼 중차대한 문제 앞에서 조금만 더 깊이 고민해서 선택했다면, 훗날 자기 선택을 되돌리기 위해 쓰일 비용과 시간을 아낄 수 있었을 것이다.

중요한 선택 앞에 서 있다면, 이 사람 저 사람에게 묻기 전에 먼저 자기 자신에게 물어보자. 앞서 언급한 스티브 잡스처럼 자기 자신의 마음에 귀를 기울여야 한다. 나에 대해 제일 잘 아는 사람은 바로 나다. 지금껏 삶의 문제들을 제대로 풀지 못했다면, 아마 충분히 생각하지 않았기 때문일 것이다. 너무 바빠서, 남들이 어떻게 사는지 훔쳐 보느라 스스로 충분히 생각할 시간이 없었을 것이다.

아무도 없이 홀로 깨어 있는 시간, 명확하고 또렷한 정신으로 자기 자신에게 집중하자. 문제를 해결할 힘이 자기 안에 있음을 믿어야 한다. 개인적으로 힘든 시간을 보내고 있는 청년, 예상에 없던 난제에 부딪혀 괴로운 창업가라면 더더욱 일부러 시간을 만들어야 한다. 평소에 충분히 생각하는 훈련이 되어 있다면, 어느 날 중요한 선택의 길 앞에서도 자신만의 진가를 발휘할 것이다.

위대한 업적을 이룬 인물들을 바라볼 때 당신은 어떤 생각이 드는가? 보통은 그들에게 환상을 갖고, 우상 숭배에 가까운 찬양을 한다. 그들을 나와 같은 사람으로 여기지 않아서다. 이러면 마음 한켠에 열등감을 품은 채 '와' 하고 감탄하는 것으로 끝이다. 나는 위대한 일을 성취해낸 사람을 바라보며 막연한 환상을 갖거나 우상 숭배하는 마음을 품지 않는다. 그보다 그가 그 위대한 업적을 이뤄내기 위해 얼마나 간절한 마음으로 노력했을까를 진지하게 생각한다. 그러면 그 사람이 꿈을 이룬 방법에 집중해서 나를 변화시킬 연료도 찾게 되고, 새로운 동기부여도 하게 된다.

손흥민 선수는 이렇게 말했다. "남들이 보기에 제 모습이 화려해 보일지 몰라요. 중요한 건 그게 현재의 겉모습이라는 겁니다. 힘들었던 과거와 뒤에서 이뤄지는 노력은 겉으로 드러나지 않죠. 어려웠던 날이 훨씬 많았어요. 지금도 인내하고 또 인내하며 살고 있어요. 화려함과는 거리가 멀죠. 제 인생에서 공짜로 얻은 건 하나도 없었어요. 제값을 치른 대가를 오늘 받고, 내일 받을 대가를 위해서 오늘 먼저 값을 치릅니다. 후불은 없죠. 저는 자제하고 훈련하면서 꿈을 향해 달리고 있어요."

손흥민 선수는 어릴 적 축구의 기억이 별로 없다고 한다. 매일 똑같은 기본기 훈련만 반복했으니 기억에 남는 장면이 다양하게 없어서다. 그의 아버지는 기본기를 중시했고, 성적으로 유소년을 평가하는 지도 방식을 극히 부정적으로 바라보았다.

매일 아침 홀로 머물며 나를 가다듬는 시간은 기본기를 닦는 시간이다. 그러나 그 시간을 쌓아가다 보면 분명 어느 순간

꿈에 가까이 다가가 있는 당신을 발견하게 될 것이다. 그때까지 콰이어트 모닝을 메이트 삼아 달려가보자. 당신이라고 못할 것 없다.

하루 30분의 기적

뚜렷한 목적의식이 있으면
장애물은 도리어 우리가 가야 할 길을 알려주는 존재가 된다.
매일 아침 홀로 보내는 시간은 상처를 통해 배울 수 있도록
내 정신의 눈을 열어주었다. 이 정신력이 없었다면
연이은 세 차례 실패를 딛고 서지 못했을 것이다.

5

위기를 기회로
바꾸는 시간

오늘 내딛는 한 걸음이 중요하다

2008년 말 강원도로 한 달간 배낭여행을 떠났다. 그때 내가 가지고 다니면서 틈틈이 읽었던 책이 당시 영어 원서를 빠르게 독해하는 법을 담아 화제가 된 『스피드 리딩』이었다. 20대 초반 독서의 힘을 느꼈던 그때부터 책 욕심이 남달랐는데, 책 읽는 속도를 올리면 짧은 시간에 더 많은 정보와 인사이트를 얻을 수 있을 테니 책을 빠르게 읽는 법을 터득하고 싶었다. 특히 나중에 세계무대에서 일할 생각을 했던 나는 영어 원서를 빠르게 읽는 법을 익히고 싶었다.

여행 중에 『스피드 리딩』의 공동 저자인 신효상 씨가 소수의 인원을 받아 스피드 리딩 세미나를 연다는 소식을 들었다. 참가비도 적지 않았고, 워낙 소수만 뽑아서 선발도 쉽지 않을 것 같았다. 하지만 꼭 영어를 빠르게 독해하는 비법을 터득하고 싶었던 나는 망설임 없이 지원했고, 다행히도 최종 인원에 선발되어 2008년 12월부터 2010년 3월까지 500여 일간 훈련을 받을 수 있었다. 세미나에 참가한 사람들은 카이스트 학생을 비롯해 대학교수, 다국적 기업 대표 등 하나같이 쟁쟁한 사람들이었다. 그들과 매주 함께 훈련받는 것 자체가 나에게 좋은 동기부여가 되었다.

훈련은 총 3단계로 이뤄졌는데, 1단계에서는 『해리 포터』 같은 소설을 읽으며 속독 훈련을 했다. 그리고 2단계에서는 앨빈 토플러 저서로 로지컬 리딩을, 3단계에서는 라이팅 실력도 섭렵할 수 있는 크리티컬 리딩을 훈련했다. 단순히 영어 원서를 빠르게 읽는 법뿐만 아니라, 글을 제대로 독해하는 방법에 대해 많은 걸 배운 수업이었다. 스피드 리딩 훈련을 통해 나는 독서 행위 자체에 더욱 깊이 매료되었는데, 들여다보면 볼수록 앞이 보이지 않는 캄캄한 인생길을 걸어갈 때 필요한 지혜가 책에 들어 있음을 알게 되었다.

『지혜를 어디서 찾을 것인가』의 저자 헤럴드 블룸은 "지혜는 책을 읽어야 하는 근본적 이유"라고 했다. 평소에는 정보로 충분하지만, 어제의 처지가 내일의 처지일 수 없을 때, 즉 지혜가 필요할 때에는 책을 읽어야 한다는 것이다. 스피드 리딩 훈련을 하며, 역설적으로 나는 속도보다 깊이가 중요함을 깨달았다. 물론 어느 정도 속도감 있게 글을 읽는 것에도 이점이 있지만, 그보다 글의 깊이를 제대로 음미하고 의미를 새기는 것이 인생에 더 큰 도움이 될 것 같았다. 500여 일간 진행된 스피드 리딩 훈련도 얼마간 속도를 유지하면서 글의 구조와 의미를 깊이 있게 파악하는 게 핵심이었다. 나의 현재 처지를 전체 속에서 조망할 수 있게끔, 책은 충분한 서사적 길이를 지닌 보고로서 우리에게 메시지를 준다. 이 메시지를 이해해서 나에게 유의미한 것으로 받아들이고 적용하는 게 결국 가장 중요했다.

한편 스피드 리딩 훈련을 하며 리딩 전후로 느끼는 감정 상태와 신체 상태, 뇌파의 변화를 시간대별로 기록했다. 새벽, 아침, 이른 오후, 늦은 오후, 저녁, 심야로 나누어 실험해본 결과 하루 중 집중력과 에너지가 가장 높은 시간이 새벽이었다. 직접 눈으로 확인하니 홀로 고요히 머무는 시간을 매일 새벽으로 확정하게 된 게 우연이 아님을 알 수 있었다. 뇌파를 확인할 수 있는 기계도 있으니 기회가 된다면 나처럼 집중이 가장 잘되는 시

간을 직접 확인해보고 자기만의 콰이어트 타임을 지정해보는
것도 좋은 방법이다.

당시 나는 휴학을 한 상태였다. 주변 친구들은 하나둘 취업
에 성공하고 각종 고시에 합격해 사회로 나갔다. 조바심이 날
법도 했지만, 그때부터 콰이어트 모닝을 통해 매일 조금씩 단단
하게 마음을 키워 나가서인지 생각보다 괜찮았다. 나는 묵묵히
나만의 속도와 커리큘럼으로 훈련을 이어 나갔다. 내가 용기 있
게 도전해 쌓은 경험 덕에 복학 후 좋은 학점을 받았고, 전액 장
학생으로 선발될 수 있었으며, 미시시피 주립대 교환학생으로
도 선발되었다. 이어 이야기하겠지만 미시시피 주에서 보낸 1년
은 나에게 또 다른 기회의 문을 열어주었다.

10년, 20년, 30년을 내다보면 막막해지기 쉽다. 비슷한 선에
서 출발했던 동료들이 나를 앞서 나가는 것처럼 느껴질 때, 나
의 속도가 남들보다 너무 느리다고 느껴질 때 나는 오늘 아침,
하루, 내일처럼 지금 내딛을 수 있는 한 걸음에 집중했다. 이 한
걸음이 나를 어디로 데려가줄지 알 수 없지만, 매일 최선의 선
택을 하면 그 선택이 결국 좋은 결과로 돌아올 거라는 기대를
품었던 것 같다. 콩을 심으면 콩이 나고 팥을 심으면 팥이 난다
는 단순한 진리를 붙들고 매일 깊이 생각해 좋은 경험을 심었
다. 그리고 실제로 그렇게 차곡차곡 경험을 쌓아가다 보니 지금

에 이르게 되었다.

약 15년이 흐른 지금은, 속도에 대해 처음 스피드 리딩에 매료되었을 때와는 다른 견해를 갖고 있다. 20대 때는 빠른 것이 무조건 좋은 줄 알았다. 빨리 일어나 남보다 더 긴 시간을 알차게 쓰고, 빨리 읽어서 더 많은 지식과 지혜를 습득하고, 빨리 성공해서 더 많은 것을 누리는 삶을 좋은 것이라 여겼다. 언뜻 보면 맞는 이야기 같지만, 그렇지 않은 구석이 삶에는 많았다. 걸어 다니며 보는 풍경과 자전거를 타며 보는 풍경, 자동차에서 기차에서 비행기에서 보는 풍경이 다르지만, 어느 풍경이 더 뛰어나다고 말할 수 없다. 빠르면 빠른 대로, 느리면 느린 대로 다른 것을 보게 하고 깨닫게 한다. 결국 중요한 건 빠르게 가든 느리게 가든, 삶의 모든 순간에서 의미 있는 것을 찾아내려는 태도다.

낯선 곳에서의 해방감

나는 매년 여름이 되면 한 달쯤 해외로 나간다. 나의 성장을 위해 매해 이른바 '콰이어트 타임 트래블'을 떠나는 것인데, 2009년 1년간 미시시피 주립대 교환학생으로 나간 것이 계기가 되었다. 태어난 이후 한 번도 몇 달 이상 내가 살아온 지역을 벗어나본 적이 없던 나에게 1년간 낯선 곳에서 머무는 경험은 많은 것을 깨닫게 해주었다.

연극에는 '낯설게 하기'라는 연출 기법이 있다. 일상적으로 보았던 친숙한 것을 낯설게 보이도록 연출하는 것을 말한다. 충분한 거리를 두고 익숙한 생각, 관습을 벗어던진 채 바라보아야 진실을 더 잘 간파할 수 있다는 취지에서 비롯된 기법이다. 처음 1년간 외국에서 지내는 시간도 나의 인생에 이와 비슷한 효과를 가져다주었다. 낯선 환경에 있으니 보다 객관적으로 나의 상태와 더 나은 내가 되기 위해 필요한 것을 생각해볼 수 있었다. 숲 깊숙한 곳에 있으면 나무들은 볼 수 있어도 숲 전체는 볼 수가 없다. 숲을 벗어나야, 숲이 보이는 높은 곳에 올라서야 숲 전체를 볼 수 있다. 그처럼 어느 정도 거리를 두어야 보이고 알게 되는 것이 있다. 거리를 두고 보면 내가 어떤 모습인지, 내가 가고 있는 방향이 어디인지 좀 더 객관적으로 볼 수 있게 된다. 낯선 곳으로의 여행이 나의 삶에 그런 시간을 마련해주었다.

한편 이 시간은 고독과 평온함도 주었다. 가족과 친구들에 둘러싸여 심심할 틈이 없었던 한국에서와는 달리 외국에는 원래부터 알던 사람도 없고, 의식주 모두 익숙함과는 거리가 멀었다. 거기서 오는 불편함도 있었지만, 반대로 해방감과 자유로움도 컸다. 실제로 다른 문화에서 사는 삶은 심리적 기능과 행복에 긍정적인 영향을 준다는 연구가 있다. 다양한 문화적 관점을 가지면 아량이 늘고 편견이 줄며, 융통성, 혁신, 창조성과 의사결정 수준이 높아진다는 것이다. 매번 일정한 환경을 고수할 것이 아니라, 새로운 곳으로 모험을 떠나는 것이 더 창조적이고 혁신적인 삶을 살게 한다.

보다 객관적으로 나 자신을 바라볼 수 있었던 그 시간, 나는 그때 느꼈던 고독하고도 평온한 감정과 낯선 곳에서의 해방감과 자유를 만끽하며 발휘할 수 있었던 최상의 에너지를 어떻게 하면 일상으로 끌어올 수 있을까 고민했다. 그렇게 해서 콰이어트 모닝이 더 견고한 루틴으로 자리 잡았다. 앞서 도서관에서 책만 읽던 시간, 그때 깊이 뿌리내린 정신의 토양이 군대 있는 기간 동안 허물어지지 않도록 하자는 다짐으로 콰이어트 모닝을 시작했다고 했는데, 여행을 통해 느낀 거리 두기와 고독, 정신적 해방감을 일상 속으로 이식해야겠다는 다짐으로 콰이어트 모닝이 더 의미 있고 풍성해진 것이다.

'매일 고요하게 머물면서, 한 발짝 떨어진 거리에서 나와 내가 처한 문제를 바라본다. 그러면서 1년에 한 번은 잠시 매일 지속되던 일상을 멈추고, 낯선 곳에서 인생의 방향을 재정비해 새로운 단계로 도약할 수 있도록 준비한다.' 이렇게 콰이어트 모닝과 콰이어트 타임 트래블 두 축을 중요한 루틴으로 삼되, 매일 아침 나 자신과 거리를 두고 조금 더 객관적으로 스스로를 바라보려는 노력을 하게 되었다.

매일 콰이어트 모닝으로 자신을 점검하고 새롭게 하려 노력하더라도, 더욱 강력한 동기부여를 위해서는 일정 기간 낯설고 새로운 환경에 뛰어드는 것이 효과적이다. 이렇게 이야기할 사람이 많을 것이다. "매년 몇 주씩 해외로 떠날 여유는 만들기 힘들어요." 자금이 여유롭지 않아서, 시간이 없어서 1년에 몇 주씩 해외로 나갈 여력이 없더라도 괜찮다. 포인트는 해외로 나가는 것이 아니라 '익숙한 것으로부터의 결별'에 있기 때문이다. 교육 프로그램을 수강해도 좋고, 멘토를 찾아 강의를 듣거나 그에게 코칭을 받는 것도 좋다. 중요한 것은 성장하고 변화하고 싶다는 열망을 가지고, 배움에 몰입하는 기간을 의식적으로 마련하려는 태도다.

몰입에 대한 연구로 유명한 심리학자 미하이 칙센트미하이는 다음과 같이 말했다. "세상이 나에게 말해주는 것에 마음을 열자. 삶은 경험의 흐름과 다름없다. 그 속에서 더 멀리 더 깊이 헤엄쳐 갈수록 우리의 삶은 풍요로워진다." 이처럼 사람은 경험으로 성장해간다. 풍성한 경험은 우리로 하여금 더 멀리, 더 깊이 헤엄쳐 갈 수 있도록 해준다. 탁월한 사람이 되고 싶었던 나는 자기 분야에서 탁월한 두각을 나타내는 사람들을 만나는 기회를 계속 마련했다. 그들 틈에서 새로운 지식을 스펀지처럼 빨아들이며, 지속적으로 동기부여를 했다. 미네르바 대학은 물리적 캠퍼스가 없는 대신 학생들이 전 세계 여덟 개 도시에 머물며 4년간 공부한다. 내가 매해 여름 해외로 나가 집중적으로 배움의 시간을 갖는 것은 나를 위해 스스로 설계한 미네르바 대학과 다름없다.

코로나19로 몇 년간 중단했지만, 2022년 가을부터 나는 다시 나만의 미네르바 대학을 설계하고 있다. 해외 기관과 연계하여 10년 동안 내게 특별한 경험을 선사했던 과정을 모델 삼은 '에듀 트래블'을 계획하고 있기도 하다. 최선을 다해 다양한 경험을 하면, 그 경험이 내게 새로운 기회를 열어주곤 했다. 지방정부에서 수억 원의 위탁금을 받고 청년 시골살이 프로젝트를 시작할 수 있었던 것도 콰이어트 타임 트래블에서 배운 것과 그 시간 동안 떠오른 아이디어 덕분이었다. 물론 당시에는 생각도 못 했지만 결국 시간과 돈을 들여 배운 것은 어떻게든 내 삶에 유의미한 것을 가져다주었다. 하루하루 홀로 보낼 시간을 확보하되, 한 달 혹은 1년을 보고 자기만을 위한 미네르바 대학을 설계해보기를 적극 권한다. 그 시간이 지금은 생각조차 할 수 없는 다양한 기회를 당신에게 가져다줄 것이다.

우리는 상처를 통해 배운다

매일 아침 혼자 있는 시간을 확보한 후로 모든 선택이 좋은 결과를 가져오고 승승장구한 것처럼 보일 수도 있겠다. 실패도 실패가 아니라고 보기에, 또 궁극적으로 모든 것이 내 인생을 구성하는 소중한 한 조각이라 믿기에 큰 틀에서는 맞는 말이다. 하지만 나 역시 돈도 사람도 모두 등을 돌릴 만큼 크게 실패했었고, 그보다 자잘한 실수와 좌절도 수없이 겪었다. 포기하지 않고 매일 할 수 있는 것을 하며 추슬렀을 뿐이다. "위기가 닥칠 때 '나쁜 기업'은 망한다. '좋은 기업'은 살아남는다. 그러나 '위대한 기업'은 더욱 발전한다." 인텔의 최고경영자였던 앤디 그로브가 한 말이다. 사람도 마찬가지다. 위기가 없을 순 없다. 누군가는 위기 앞에서 굴복하지만 누군가는 극복해서 살아남고, 나아가 더 큰 인간으로 성장한다.

위기危機의 '기'는 기회機會에 쓰이는 '기'와 한자가 같다. 위기는 이를테면 위험한 기회다. 바다가 잔잔할 때보다 풍랑이 일 때 더 크게 이동하듯, 위기를 기회로 바꿔 용기 있게 헤쳐 나가면 위기를 맞기 이전보다 더 크게 도약할 수 있다. "준비된 자가 기회를 만날 때 우리는 그것을 행운이라고 부른다." 세네카가 한 말이다. 에이브러햄 링컨, 존 록펠러, 토머스 에디슨, 마거릿

대처, 시오도어 루스벨트, 스티브 잡스 등도 미리 준비되어 있던 사람이었기에, 시련의 탈을 쓰고 기회가 찾아왔을 때 그것을 마침내 극복해내고 역사에 위대한 족적을 남길 수 있었다.

대구 침산네거리를 지날 때마다 아직도 덩그러니 붙어 있는 간판을 본다. '콰이어트 타임 인 어 시티 2호점.' 바로 옆에 있는 대형 프랜차이즈 카페를 이겨보겠다고 호기롭게 시작한 사업이었다. 공사 시작 전 봄비가 추적거리던 2017년 어느 날, 테라스 면적 포함 100평 남짓한 공간에 손님이 넘쳐나는 상상을 하며 가슴 벅차 했었다. 하지만 그로부터 1년 뒤, 나는 투자한 돈과 시간, 함께한 사람들마저 모두 잃었다. 들뜬 마음으로 건물주와 계약했던 첫날, 그리고 보증금을 포함해 모든 것을 놓아둔 채 도망치듯 빠져나왔던 마지막 날까지, 아직도 모든 기억이 생생하다.

현실은 냉정했다. 여러 사람이 지쳐 떨어져 나갔고, 몇몇 사람은 나를 매섭게 비판하고 비난했다. 마음에 큰 상처가 남았다. 하지만 이대로 주저앉을 수는 없었다. 남은 힘을 끌어모아 경산에 학원을 설립하고, 평소 신뢰하고 의지했던 친구에게 경영 대부분을 맡겼다. 그러나 그 학원도 내가 원하던 그림대로 가지 못하고 얼마 안 가 문을 닫았다.

한 걸음씩 꿈을 향해 가고 있다고 믿으며 나아가던 나도, 연달아 사업이 실패하자 타격이 컸다. 처음에 든 감정은 원망이었다. 그러나 오래지 않아 나의 교만과 불찰이었다는 것을 인정하게 됐다. 내가 무엇을 잘못했는지를 인식하자 바로 든 생각은 '그러면 이제 앞으로 어떻게 하지?'였다.

"지금 이 순간, 객관적으로 판단하라. 지금 이 순간, 헌신적으로 행동하라. 지금 이 순간, 벌어지는 모든 일을 기꺼이 받아들이라. 필요한 것은 이게 전부다." 로마 황제이자 스토아 철학자인 마르쿠스 아우렐리우스의 말처럼 객관적으로 판단하고 있는 그대로 받아들이자 모든 일이 분명해졌다. 문제는 외부에 있지 않았다. 내 안에 있었다. 오만에 가까웠던 판단. 실패 후 남탓을 했던 것. 그다음 스텝을 밟을 때 충분히 생각하지 않았던 것. 원망을 거두고 나의 문제로 받아들이니 오히려 해결책이 분명히 보였다. 문제점을 바로 인식한 것이 다시 시작할 수 있는 동력이 되었다.

수중에 남은 사업 자금은 500만 원이 전부였다. 나는 한국사회적기업진흥원에서 창업 자금을 지원받아 지금의 콰타드림랩을 설립했다. 회사는 빠르게 성장했다. 그래서 지금까지 탄탄대로였냐면, 그렇지 않다. 비축한 힘을 모아 2019년 수성구에 어학센터를 차렸는데, 그해 후반 코로나19가 터진 것이다. 이번에는 내가 어쩔 수 없는 외부의 문제로 크게 실패하자 돌파구를 찾기가 더 어려웠다. 이쯤이면 모든 것을 접고 포기해야겠다는 생각이 들 법도 했다. 그러나 그때 이미 10년 넘게 콰이어트 모닝을 통해 단련된 마음이 녹다운된 나를 일으켜 세웠다. 인생에는 성공과 과정만 있을 뿐이다. 주어진 삶을 끝까지 잘 살아내는 것이 성공이고, 우리는 지금 거기까지 가는 과정 중에 있다. 2017년부터 연이어 큰 실패를 맞아 휘청거렸지만, 이 모든 과정을 잘 통과해야겠다는 결심으로 나는 매일 아침 정신의 끈을 동여맸다.

이처럼 뚜렷한 목적의식이 있으면 장애물은 도리어 우리가 가야 할 길을 알려주는 존재가 된다. 벤저민 프랭클린은 "우리는 상처를 통해 배운다"라고 했다. 매일 아침 홀로 보내는 시간은 상처를 통해 배울 수 있도록 내 정신의 눈을 열어주었다. 이 정신력이 없었다면 연이은 세 차례 실패를 딛고 일어서지 못했을 것이다.

협력과 연대의 인문학

이미 지나간 일은 들추기 싫다고 그냥 넘겨버리면, 상처는 그냥 상처일 뿐이다. 상처를 통해 뭐라도 배워야 하지 않겠는가.

나는 2017년부터 2020년까지, 의사결정의 순간 내가 했던 실수를 복기해보고 의사결정 판단의 기준과 원칙을 세웠다. 이미 성공한 사람들이 돈, 사업, 사람에 대해 세웠던 원칙에 비추어 나의 원칙을 재정비했다. 신중하고도 조심스럽게 자신감을 되찾되, 냉철한 이성을 더욱 갖춰야 했다.

미국의 석유왕으로 불리는 존 D. 록펠러는 젊을 때부터 커다란 압박이 와도 흔들리지 않는 냉정함을 지니고 있었다. 그는 극심한 경제 위기가 강타할 때마다 위기를 한탄하는 대신 현실을 면밀히 관찰했다. 위기를 통해 뭔가를 배우고 기회로 삼기 위해서였다. 그의 신중함과 냉철함을 엿볼 수 있는 일화가 있다. 록펠러가 스물다섯 살일 때 투자자들이 50만 달러라는 큰돈을 주며 적당한 유전을 찾아 투자해 달라고 했다. 며칠간 인근 유전들을 둘러본 록펠러는 단 1달러도 투자하지 않고 빈손으로 돌아와 투자자들을 경악에 빠뜨렸는데, 그가 판단하기에 유전을 투자하기에 '아주' 적당한 때가 아니어서 자금을 모두 돌려주고 시추를 포기한 것이다. 이처럼 그는 냉철한 자제력과 객관성을 갖춘 인물이었다.

록펠러가 이런 기질을 선천적으로 타고난 건 아니다. 록펠러가 직접 밝혔듯 1857년 금융 위기를 통해 '역경과 스트레스의 학교'를 경험한 덕분이었다. "삶의 토대를 마련하기 위해 발버

뭉쳐야 하는 젊은이들은 사실 엄청난 축복을 받은 셈이다. 나는 견습생의 신분으로 온갖 어려움을 극복해야 했던 그 3년 반의 세월에 죽을 때까지 두고두고 고마워해야 한다."

면밀한 관찰력, 차분한 이성, 차가울 만큼 객관적인 판단력. 몇 차례 실패 후 내가 사업가로서 더 체득해야겠다고 느낀 자질이다. 약점을 딛고 더 큰 도약을 하기 위해서는 발판을 마련해야 했다. 이 발판의 하나로 시작하게 된 것이 인문학 클럽이다.

2020년 대구 수성구에서 작은문화공간사업을 공모했다. 당시 나는 실패를 딛고 다시 일어서는 문제에 깊이 몰두하고 있었다. 나와 비슷한 처지에 놓인 사람들과 함께 마음을 다지는 공간이 있으면 좋겠다고 생각했고, 우공이산 인문도서관을 기획해 선정되었다. 2012년 호주 퀸즈랜드대로 교환학생을 갔을 때 1996년 노벨 생리의학상을 받은 조류학자 피터 도허티의 강연을 바로 코앞에서 들었던 적이 있다. 세계적으로 저명한 학자의 강연회가 동네서점의 북 클럽 규모로 진행되고, 자유롭고 편안하게 의견이 오가는 모습이 무척 신선하게 다가왔다. 이때 기억을 살려 소규모 그룹의 지적 토론을 중심으로 하는 우공이산 인문도서관을 기획했다. 인문도서관인 이유는 삶의 의미와 나에게 벌어진 사건들의 의미를 생각하게 도와줄 도구가 인문학이라 믿었기 때문이다.

이름을 우공이산愚公移山으로 정한 데도 이유가 있다. 옛날 중국 북산에 우공愚公이라는 아흔 된 노인이 살았는데, 그 마을은 두 개의 거대한 산에 가로막혀 있었다. 우공이 어느 날 가족들에게 말했다. "저 험한 산을 평평하게 해서 먼 길을 더 편하게 갈 수 있게 하겠다." 그의 아내가 반대하고 나섰다. "조그만 언덕 하나 파헤치기도 어려운데 어찌 그 큰 산을 깎아낼 수 있겠어요? 파낸 흙은 또 어쩝니까?" 우공은 흙은 발해에다 버리겠다고 했고, 그때부터 세 아들에 손자들까지 데리고 산을 파기 시작했다. 주위에서 도대체 언제 그 산을 다 옮길 거냐며 비웃었지만, 우공은 굽히지 않았다. "내 비록 앞날이 얼마 남지 않았으나, 자자손손 이어가면 언젠가 반드시 저 산이 평평해질 것이다." 우공의 무모한 도전을 지켜보던 두 산의 사신蛇神은 처음에는 우공을 비웃었지만, 그가 포기하지 않자 자신들의 거처가 사라질 것을 염려해 천제天帝에게 산을 옮겨 달라고 간청한다. 천제는 우공의 우직함에 감동해 두 산을 다른 곳에 옮겨주었다는 이야기다.

일단 시작해 끝까지 포기하지 않으면 이룰 수 있고, 하찮은 시작이더라도 나중은 얼마든지 창대할 수 있다는 걸 깨닫게 하는 고사성어다. "세상에서 가장 어려운 일도 그 시작은 쉬운 일이고, 세상에서 가장 큰 일도 그 시작은 미세하다."(『도덕경』) 모든 위대함의 시작에 작은 첫걸음이 있듯, 실패를 딛고 미래를 향해 첫걸음을 떼려는 청년들에게 힘을 보태고 싶었다. 실패로 고통을 겪어보니 다른 사람의 고통을 달래주고 싶은 마음이 자연스레 일었던 것이다.

이렇게 열게 된 우공이산 인문도서관에서, 2020년부터 3년간 인문학 클럽을 만들어 취업과 창업에 어려움을 겪고 있는 청년들과 함께 인생, 행복, 성공, 실패에 관해 열띤 토론을 펼쳤다. 인문학 분야 강연자를 섭외해 특강을 열고, 양서를 함께 읽었다. 그 과정에서 많은 열매가 있었다. 취업과 창업에 실패해 의기소침한 마음으로 찾아온 젊은 청년들이 매해 열여섯 번 특강을 거치며 어느새 분명한 목적을 갖고 자기만의 길을 찾아 나섰다. 천천히, 그러나 분명히 그들은 성장해갔다. 다른 사람의 변화와 성장을 바라보는 일에는 또 다른 기쁨과 성취감이 있었다. 그들의 성장은 나에게도 큰 용기를 주었다. 마음에 남아 있던 상처도 서서히 아물어갔다. 혼자 그리고 함께의 힘을 깨닫게 된 놀라운 시간이었다.

어려움을 만날 때 우리는 해결할 지혜를 얻기 위해 가족과 의논하고, 동료나 선후배와 머리를 맞대고, 친구와 스승을 찾아간다. 책과 더불어 대화는 인류가 오래전부터 지혜를 얻기 위해 택한 훌륭한 도구다. 지상에 나 혼자 있지 않다는 것, 우정을 나

눌 대상이 있다는 것이 인생에 얼마나 큰 힘을 줄 수 있는지 여실히 느꼈다. 나 홀로 있는 시간을 확보하되, 협력과 연대, 우정과 공생의 마음을 잃지 않는 것. 그 두 힘을 합치면 넘지 못할 위기 따윈 없다.

인문학을 통해 깨달은 실패의 의미

일이 잘되는 시기가 고급 자동차에 올라 가속을 밟으며 탁 트인 고속도로를 마음껏 내달리는 것 같다면, 일이 뜻대로 되지 않는 시기는 경차를 타고 오르막길을 힘들게 오르는 것 같다. 지친 상태로 숨을 헐떡일 때, 그 고생의 의미를 알면 그나마 견딜 수 있다. 의미를 모르는 고통만큼 견디기 힘든 건 없다. 과거 현인들의 말처럼 사람은 의미로 먹고사는 존재라서 그렇다. '죽음의 수용소에서' 살아 돌아온 학자 빅터 프랭클도 말했지 않은가. "밥을 먹지 않으면 몸이 약해지지만, 의미를 먹지 않으면 삶이 약해진다."

인생의 의미를 잃으면 무기력에 빠지기 쉽다. 나도 그럴 뻔했지만 콰이어트 모닝 덕분에 금세 빠져나올 수 있었다. 무기력에 빠지면 늦게 일어나고 잠을 많이 잔다는 연구 결과가 있는

데, 아니나 다를까 우울증 환자들에게서 나타나는 전형적인 회피 행동도 바로 잠이다. 자기 효능감이 낮아서 '나는 이런 문제를 해결할 능력이 없다'라고 생각하거나 '노력해봐야 변할 게 없다'라는 생각이 강할수록 잠을 찾는다고 한다. 그러니 지금 많이 지쳐 있고 우울할수록, 억지로 눈을 뜨고 일어나 앉아야 한다. 아니면 밖으로 나가 걷거나 뛰자. 그리고 내 마음에서 자꾸만 들려오는 소리를, 반대로 뒤집어서 자기 자신에게 들려줘야 한다. '나에게는 문제를 해결할 능력이 있다. 노력하면 변할 수 있다.'

실패는 어떻게 해야 좀 더 발전할 수 있는지 일깨워주기 위한 지침으로써 벌어진 사건이다. 이것이 인문학을 통해 내가 깨닫게 된 실패의 의미다. 우리는 실패가 가르쳐주는 것을 귀 기울여 듣기만 하면 된다. 실패가 주는 피드백을 외면하지 말자. 귀를 닫으면 제아무리 좋은 가르침이라 해도 아무 소용이 없다. 가뜩이나 실패해서 억울한데, 그것으로 배울 수 있는 기회조차 날리면 너무 억울하지 않은가.

사업에 실패한 경험과 그때 나를 지탱해준 것들은 훗날 그 자체로 나만의 콘텐츠가 되었다. 나는 이 콘텐츠를 강연으로 만들어 수익과 연결시켰다. 그때는 내가 고통스럽고 아파했던 시간이 비즈니스 아이템이 될 줄은 전혀 몰랐다. 지금 당신이 겪

고 있는 어려움 역시 당신의 노력 여하에 따라 어마어마한 자산
이 되어 당신에게 돌아올지 모른다.

6

꿈을
키우는 시간

매일 하는 것이 인생이 되었다

   2022년 지방선거를 앞두고 나는 공천만 받으면 거의 당선이라는 대구경북 지역 보수당의 공천관리위원으로 위촉되었다. 스물세 개의 단체장과 군의원, 시의원, 도의원 공천 후보자 수백 명을 심사하는 자리였다. 처음 그 자리를 제안받았을 때 부담이 없었다면 거짓말이지만, 고심 끝에 하기로 했다. 재산 내역과 범법 사실 등 민감한 정보까지 면밀히 검토해 공천 자격을 심사하는 일은 아주 특별한 경험이었다. 일종의 수업 같았다. 어떤 후보자를 보면서는 고무적인 자극을, 어떤 후보자를 보면서는 반면교사의 교훈을 얻었기 때문이다.

후보자들의 인생 약력을 살피며 나는 인간의 의지에 대해 깊이 고민해보게 되었다. 나름 화려한 획을 그으며 살아온 정치인들의 인생 면면을 살펴보니, 인간의 의지란 얼마나 유동적이고 나약한 것인가 하는 생각이 들었다. 가변적이고 환경에 취약하며 들쑥날쑥한 의지에 인생을 내맡기면 함정에 빠지기 쉽다. 『신뢰의 법칙』을 쓴 사회심리학자 데이비드 데스테노도 인간의 의지에 대해 다음과 같이 일갈한 바 있다. "의지력은 한정된 자원으로, 우리의 노력을 필요로 하는 자원이다. 때로는 완전히 고갈된다. 그러므로 신뢰를 저버리라고 유혹하는 어떠한 미래의 사건에도 저항할 수 있다는 믿음은 버려야 한다. 의도가 아무리 숭고하더라도 이후의 실천이 따라주지 못할 수 있다. 그 결과, 우리는 매번 즉각적인 이익만 추구하며 똑같은 장소를 계속 맴돌게 될 것이다." 끔찍하지만 흔하게 볼 수 있는 모습 아닌가? 우리도 막상 높은 자리에 오르면 크고 작은 범법쯤은 그냥 넘어가고 싶어질지 모른다. 사람은 거의 비슷하기 때문이다. 성실과 정직과 절제를 훈련해야 하는 이유다.

사람은 어제와 오늘이 다르고 화장실을 가기 전과 다녀온 후가 다르다. 사업상 외주 위탁을 많이 의뢰하는 나는 입금 전과 입금 후 거래처의 반응이 달라지는 것을 자주 보았다. 이렇게 사람은 상황과 환경에 따라 쉽게 변한다. 나의 의지도 다른 사람의 의지도, 한정적이고 불확실하다는 점을 인정하자. 그럼에도 소수의 사람들은 남다른 자제력과 의지력을 발휘해 곧은 인생을 살아간다. 무엇이 그 차이를 만들어내는가? 그 의지를 유지시키는 힘은 어디에서 나오는가?

그들은 매일 반복적으로 의지를 다진다. 미국의 26대 대통령인 시어도어 루스벨트는 어렸을 때 아주 심한 천식에 시달렸다. 그에게 아버지가 이렇게 말했다. "너는 머리는 좋은데 몸이 따라주질 못하는구나. 지금부터라도 몸을 만들 수 있는 방법을 알려주마. 고되고 힘들겠지만 너라면 충분히 해낼 수 있을 거다." 이 말이 그의 인생을 완전히 바꾸어놓았다. 그는 아버지가 마련해준 체력 단련실에서 하루도 빠지지 않고 운동했고, 결국 20대 초반에는 아주 건강한 신체를 지니게 되었다.

이따금씩 하는 무언가가 아니라 매일 하는 무언가가 우리 삶을 결정한다. 내가 하루도 거르지 않고 콰이어트 모닝을 챙기는 것도 그래서다. 내가 습관을 만들면, 그 습관이 나를 만들어간다. 누구에게나 하루 24시간이 주어진다. 하지만 그 시간의 질은 사람마다 완전히 다르다.

고대 그리스인은 시간을 카이로스Kairos와 크로노스Chronos로 구분했다. 크로노스는 모두에게 동일하게 적용되는 물리적 시간을 뜻하고, 카이로스는 의식적이고 주관적인 시간, 다시 말해 순간의 선택이 인생을 좌우하는 기회의 시간을 뜻한다. 우리 운명의 성패는 카이로스에 달려 있다. 그 순간을 위해 준비하는 시간이 콰이어트 모닝이다. 크로노스의 측면에서는 똑같은 시간을 살지만, 그냥 사는 사람과 나만의 비전이 있고 그 비전을 이루기 위해 사는 사람은, 엄밀히 말하면, 같은 시간을 사는 것이 아니다.

매일 무언가를 지속할 수 있는 시스템을 갖추면, 이제는 그 시스템 안에서 무엇을 매일 할 것인가가 중요하다. 컴퓨터 프로그램 용어 중에 'GIGO'라는 말이 있다. Good In Good Out, 즉 좋은 것이 들어가야 좋은 것이 나온다. 삶도 마찬가지다. 좋은 언어, 생각, 감정, 경험으로 자신을 채워야 좋은 인생이 된다. 매일 나쁜 생각을 하고 나쁜 음식을 먹고 나쁜 감정 상태로 지내면 그 인생은 나쁜 결과를 만들어낼 수밖에 없다.

좋은 인생을 살고 싶다면, 신체와 정신을 매일 단련해서 어떠한 어려움에도 무너지지 않을 '내면의 성채'를 쌓아야 한다. 스토아 철학에서 말하는 내면의 성채는 마음속 요새와 같은 것이다. 태어날 때부터 이런 구조물을 타고나는 사람은 아무도 없다. 우리가 직접 세우고 강화해야 한다. 몸과 마음을 갈고닦아야, 기회를 변장한 위기가 찾아올 때 그것을 나만의 카이로스로 만들어낼 수 있다.

좋은 만남의 위력

나는 피자 배달로 첫 사업을 시작했다. 이후 어학원, 출판사, 카페 등 여러 번 창업을 했고, 지금은 콰타드림랩과 카페를 운영하고 있다. 콰타드림랩은 청소년과 청년의 진로 탐색, 국내외 입시 컨설팅, 교육 프로그램 기획 및 운영을 하는 사회적 기업인데, 내 마음의 본진은 이 콰타드림랩을 통해 한 사람의 길을 찾는 과정을 돕는 데 있다.

의사가 환자에게 필요한 처방을 내리려면 정확한 진단이 우선이다. 교육 컨설팅을 하는 나도 먼저 상대가 털어놓는 이야기 전반을 귀 기울여 듣는다. 문제를 정확히 진단해서 각 사람에게 가장 알맞은 솔루션을 기획하기 위해서다. 감사하게도 지금까지 코칭한 청년들 대부분 결과가 좋았다. 누군가의 삶에 엑스트라로 개입하는 일에 여간 큰 부담과 책임감이 느껴지는 게 아니다. 청소년기는 그 개입이 절대적인 영향을 미치는 시기여서 더욱 그렇다. 그런데도 내가 압박감을 이겨내며 이 일을 계속해 나가는 까닭이 있다.

학창 시절, 나는 형이나 누나를 둔 친구들이 부러웠다. 앞서 그 길을 가보고, 진정으로 아끼는 마음에서 조언하고 이끌어줄 선배가 있으면 얼마나 든든하고 좋을까 싶었다. 훗날 대학 진학 후 읽은 양서들이 나에게 그런 역할을 해주었지만, 좀 더 미리 좋은 멘토를 만났다면 여러 시행착오를 줄이고 시간을 아낄 수 있었을 거라는 아쉬움이 있었다.

대학에서 심리학을 공부하며 인간의 변화에 깊은 관심을 지니게 되었고, 매일 콰이어트 모닝을 통해 서서히 성장하고 변화해가고 있던 내 안에 조금씩 구체적인 꿈이 생기기 시작했다. 바로 10대 때의 나처럼 멘토를 필요로 하는 청소년과 청년에게 다가가서, 그들이 자기 적성에 맞는 길을 찾을 수 있도록 도와주고 싶다는 꿈 말이다. 마치 가랑비에 옷이 젖듯 내 마음에 서서히 소원이 자리 잡았고, 그 소원을 현실화하기 위해 카이스트 경영대학원에 들어가 사회적 기업가 MBA 학위를 마쳤다. 그리고 그 일을 잘 수행하기 위해 필요한 경험을 하나하나 축적해 나갔다.

청년의 시기에 누구를 만나고 어떤 관계를 맺느냐에 따라 이후 인생의 방향이 크게 달라진다. 그 위력을 일찍부터 알고 소중한 만남을 놓치지 않으려 애쓰는 사람은 인생을 잘 살 수 있는 열쇠를 이미 손에 쥐고 있는 셈이다. 소프트뱅크 창업자 손정의 회장에 관한 유명한 일화가 있다. 사업가가 되길 꿈꿨던 그는 일본 맥도날드 사장 후지타 덴을 만나 조언을 구하고 싶었다. 그가 열일곱 살, 고등학생일 때다. 손정의가 후지타 덴에게 60번이나 장거리 전화를 건 끝에 만남이 성사되었다. 매번 거절하는 후지타 덴의 비서에게 손정의가 이렇게 당차게 말했다고 한다. "비서님 말고 그가 결정하게 하세요." 결국 손정의는 비행기를 타고 가서 후지타 덴과 15분간 대화할 수 있었고, 그 자리에서 컴퓨터 사업을 하라는 조언을 듣게 된다. 이후 손정의는 그의 충고대로 고등학교를 중퇴하고 바로 미국으로 떠난다. 손정의의 인생이 완전히 바뀐 순간이었다. 이처럼 인생에서 중요한 기회는 좋은 만남에서 시작되는 경우가 많다. 비단 청소년과 청년에게만 해당하는 이야기가 아니다. 평생에 걸쳐 만남은 인생에 크고 작은 영향을 미친다. 그런데 좋은 사람을 만나려면, 우선 나부터 좋은 사람이 되어야 한다. 좋은 사람에게 좋은 기회가 자주 찾아오는 것은 당연한 결과다.

나는 좋은 만남과 연결을 통해 청소년과 청년이 자기 길을 찾는 데 필요한 통찰을 얻도록 강연, 캠프, 세미나, 컨설팅 등을 기획한다. 좋은 만남을 통해 그들의 과거와 미래에 튼튼한 다리가 놓아질 수 있기를 기대하면서 말이다. 나 또한 고요한 아침 오늘 하루 만나게 될 사람들을 하나하나 생각하며 만남의 무게를 가늠해본다. 헬런 켈러에게는 설리번이, 마이클 조던에게는 딘 스미스가, 플라톤에게는 소크라테스가, 알렉산더에게는 아리스토텔레스가 있었다. 내가 누군가에게 그런 사람일 수도 있고, 오늘 만날 누군가가 나에게 그런 사람일 수도 있다. 별다른 기대 없이 만나는 것과 기대를 품고 만나는 것은 천지 차이다. 만남의 밀도가 다르기 때문이며, 나를 더 좋은 사람으로 만드는 원동력이 되기 때문이다. 하루를 시작하기 전 좋은 만남을 기대하고, 더 나아가 적극적으로 좋은 만남을 찾아 나서야 하는 것도 그래서다.

42일의 기적

2021년 여름 의성에서 사회적 기업 운영을 희망하는 창업자들에게 예비 사회적 기업 인증 준비 방법을 강의해 달라는 요청을 받았다. 나는 콰타드림랩을 운영하며 겪은 일과 깨달은 점을 차분히 전했고, 이 강의가 물꼬가 되어 개별 기업 컨설팅을 추가로 의뢰받았다. 컨설팅까지 마치고 나서 얼마 후 강의와 컨설팅에 참가했던 기업들이 무사히 예비 인증에 통과했다는 소식을 들었다. 80퍼센트에 가까운 합격률이었다. 하나의 작은 강연이 컨설팅으로 이어졌고, 이 두 개 프로젝트를 성공적으로 끝마치자 수주 금액이 수천만 원에서 수억 원대에 이르는 프로젝트가 연이어 들어왔다. 그중 하나가 2022년 상반기와 하반기에 의성 동부권역에서 추진한 의성샛별탐사대 프로젝트다.

콰타드림랩은 기존의 신뢰와 네트워크를 바탕으로 지방 소멸 위기에 직면한 의성 동부권역에 청년들을 유입하는 프로젝트를 맡게 되었다. 교육 프로그램 직접 위탁금액만 약 2억 원이고 이와 연계된 간접 프로젝트를 고려하면 규모는 더욱 컸다. 총 선발 인원 스물네 명 중 절반가량이 팀당 5천만 원에서 1억여 원을 받는 창업지원 사업에 선정되었다. 지역에서 지속 가능한 일을 추진할 동력을 얻게 된 것이다.

수도권이나 대도시에 사는 사람들에게 시골은 잠시 바람을 쐬거나 휴식하기 위해 떠나는 곳이다. 우리에게 시골은 힐링과 쉼이 있는 휴양지에 가깝다. 물 좋고 공기 좋은 곳으로 떠나는 여행은 도시인에게 가끔 주어지는 포상 같은 것이다. 하지만 그 지역에 사는 사람들에게 시골은 치열한 삶의 터전이다.

현재 시골은 가만히 놓아두면 말 그대로 소멸될 위기에 처해 있다. 내가 살고 있는 대구경북 지역에는 특히 인구 소멸 위험 지역으로 분류된 시와 군이 많은데, 의성군도 그중 하나였다.

가만히 두면 사라지고 말 지역에 공적 자금을 투입하여 인구를 유지하고, 더 나아가 새로운 인구를 유입하기 위해 고군분투하고 있었다. 언론으로 접했을 때는 그다지 감흥 없던 '지방 소멸'이라는 단어가 프로그램을 기획하기 위해 혼자 찾아간 시골길에서는 여실히 와 닿았다. 주말임에도 불구하고 금성면, 춘산면, 가음면 일대를 오가는 사람이 하나도 없었다. 어쩌다 마주치는 70~80대 어르신들은 젊은 사람이 마을을 누비고 다니는 게 신기했는지 나에게 눈길을 거두지 못하셨다.

약 1100억 원을 투입해 청년 인구 유입에 적합하도록 마을 인프라를 조금씩 변화시켜온 서부권역과 다르게, 동부권역은 해야 할 일이 산더미였다. 우선 청년들이 지낼 주거 공간이 부족했고, 먹고살 일자리와 창업 아이템 모델도 거의 없었다. 그러나 화산 명산인 금성산, 경주 고군분에 버금가는 조문국 유적지, 빙계 계곡, 산운마을로 이어지는 지역 명소를 관광 프로그램으로 엮으면 가능성이 있을 것 같았다.

이곳에 모일 청년들이 6주를 어떻게 보내면 좋을지, 하얀 보드판 위에 데일리 루틴을 설계하기 시작했다. 그동안 수많은 청년과 청소년을 대상으로 실시해온 코칭 프로그램을 6주짜리 버전으로 만드는 일이었다. 그간의 코칭 프로그램이 대학 입학, 취업 등을 효율적으로 이룰 수 있게 하는 데 주목적이 있었다면, 의성샛별탐사대 프로그램은 자연만이 존재하는 탁 트인 곳에서 삶의 대안을 모색할 수 있도록 하는 데 주목적이 있다는 것만 달랐다.

나는 그간 콰이어트 모닝에 실천한 것들을 프로그램 곳곳에 배치했다. 이를테면 아침 7시에 숙소에서 10분 떨어진 유적지로 산책을 다녀왔고, 매일 밤 잠들기 전 오늘 하루 감사했던 일을 공유하는 자리를 가졌다. 2기 때는 콰이어트 모닝 개념을 오리엔테이션 때 설명하고, 열두 명의 참가자 중 희망자에 한해 6주 동안 내가 실천해온 것과 똑같이 콰이어트 모닝을 실천하게 했다. 그리고 아침 기상 후 30분간 독서를 한 뒤 짧은 감상문을 쓰고, 저녁에는 감사 일기를 쓰게 했다.

6주간 콰이어트 모닝을 실천한 참가자 모두 자신감, 기업가정신, 대인 소통 능력 등이 급상승했다. 규칙적인 수면, 채식 위주의 아침 식단을 고수한 결과 혈중 콜레스테롤 수치가 떨어지고 체지방이 감소하는 등 뚜렷한 신체적 변화도 일어났다. 이런 신체적, 심리적 변화가 참가자들이 새로운 일에 도전하는 동력이 되어주었다. 우리 몸은 유기적으로 연결되어 있어서, 신체 단련을 통해 정신의 힘을 기르고, 정신적 훈련을 통해 신체를 가꿀 수 있다.

콰이어트 모닝으로 신체와 정신을 단련한 청년들은 6주 후

더욱 당당하고 자신감 넘치는 사람이 되어 나갔다. 40일 남짓한 기간 동안 하루도 빠지지 않고 콰이어트 모닝 습관을 실천한 청년들이 눈에 띄게 변화하는 것을 목도한 나는 콰이어트 모닝을 더 널리, 더 열심히 권하고 다니기 시작했다. 내 이야기를 들은 사람 중 몇 명이라도 꾸준히 실천하기를 진심으로 바라면서 말이다.

상승장에서도 하락장에서도 주식을 잘하는 이른바 투자 고수들은 멘탈이 남다르다. 사업에서도 마찬가지다. 모든 것이 잘된다 해서 자만하지 않고 어렵다고 해서 의기소침해하지 않는, 겉으로 봤을 때 감정 기복이 심하지 않은 사람이 사업을 잘 이끌어간다. 그 멘탈은 하루아침에 만들어지지 않는다. 록펠러는 1873년 첫 번째 위기 후 석유 시장의 90퍼센트를 장악했는데, 그사이 탐욕스러웠던 경쟁자들은 모두 망했고, 진득하게 시기를 기다리지 못한 동료들은 지분을 팔아치웠다. 그는 시장이 급격히 요동치고 다른 이들이 불안에 아우성칠 때 재산의 대부분을 축적했다. 이처럼 겉으로 드러나는 모습에 속지 않고 본질에 초점을 맞춰 용단을 내릴 수 있으려면, 치열한 훈련과 논리적 사고가 필요하다.

당장 오늘부터 의성샛별탐사대처럼 6주간 훈련을 시작해보면 어떨까. "하나라도 온 마음을 다해 끝까지 해보지 않았다면,

아무것도 하지 않은 것과 다름이 없다." 고대 그리스의 스토아 철학자 에픽테토스의 말이다. 온 마음을 다해 이것 하나라도 끝까지 해보자. 그럴 만한 가치가 있는 도전이다.

7

가치를
만들어내는 시간

최고의 공격수로 살아가려면

나는 한 가지 일만 해서 돈을 벌지 않는다. 근로소득, 사업소득, 투자소득, 이 세 가지 원천에서 소득을 창출하고 있는 일종의 N잡러다. 근로소득자와 사업소득자, 투자소득자로 성공하기 위한 공식은 각각 다를 수 있지만, 분명한 건 어떤 일로 돈을 벌려면 가치를 만들어내야 하고, 가치를 만들어내려면 일을 제대로 해내야 한다는 점이다. 이상적인 뜻을 갖고 있어도 그걸 실현할 능력이 없다면 꽝이다.

근로소득자로서만 오래 살아가면 부의 크기는 제한될 수밖에 없고, 일에 투여한 시간과 소득이 비례하는 단계에서 벗어나질 못한다. 게다가 일자리를 잃으면 소득이 끊겨 결국 줄어드는 통장 잔고를 보며 불안해해야만 한다. 시간에서 자유로운 삶, 경제적으로 부족함 없는 삶을 살려면 자신만의 무기를 찾아내 근로소득, 사업소득, 투자소득을 모두 올릴 수 있는 인컴 플랜을 만들어야 한다.

내가 매일 아침 홀로 시간을 보내는 것도, 지금 하는 일을 더 잘해내기 위해서다. 최고 버전의 나로 업데이트하기 위해 어제의 나와 스파링을 하는 것이다. 이때 내가 되길 바라는 나는 누구나 같이 일하고 싶어 하는 근로소득자, 견고한 사업 구조를 바탕으로 시간이 갈수록 더욱 성장하는 사업소득자, 합리적이고 이성적인 판단력과 직관을 지닌 투자소득자다. 결국 건전한 방법으로 지속 가능하게 부를 쌓는 것과 연결되어 있다.

누구나 돈을 많이 벌고 싶어 한다. 그런데 돈을 버는 것과 쓰는 것을 분리해 생각해보자. 돈을 쓰기는 쉽지만 벌기는 어렵다. 한도 제한 없는 신용카드 한 장을 들고 백화점 명품관에 가면 누구라도 하루에 수십억 원을 쓸 수 있다. 그러나 벌 때는 어떤가? 1원도 허투루 벌 수 없다. 많이 쓰면 후한 대접을 받지만, 돈을 벌 때는 을의 위치에 서야 할 때도, 부당한 취급을 감내하고 이를 악물어야 할 때도 있다. 거래처와 상급자, 블랙컨슈머의 불평과 갑질도 견뎌야 한다. 각각 처한 상황은 다르지만 돈을 버는 일에는 고통이 따른다. 언뜻 돈 버는 일은 필요악이고, 돈 쓰는 일만 우리를 행복하게 해주는 것 같다. 그래서 소위 금수저를 부러워하고 큰 노력 없이 얻는 불로소득을 꿈꾼다.

그러나 쾌락보다 한 차원 높은 만족감을 주는 것이 바로 가치다. 쾌락은 짧은 만족을 주고 이내 시들어버리지만, 우리 인생이 가치를 만들어낸다고 느낄 때 우리는 깊은 충만함을 느낀다. 정직하게 큰돈을 벌었다면 그건 큰 가치를 창출했다는 걸 의미한다. 돈을 쓰기만 해서는 느낄 수 없는 만족을 돈을 버는 일이 가져다줄 수 있다.

실리콘밸리의 전설적 투자자로 꼽히는 크리스 사카가 말했다. "인생에는 공격적인 삶과 수비적인 삶, 두 가지 패턴이 존재한다. 돈을 벌고 싶다면 공격적인 삶을 살아야 한다. 승부를 결정하는 골은 대부분 공격수들이 넣기 때문이다." 아침마다 다른 사람에게 받은 메일을 뒤지는 건 수비적인 삶, '나만의 할 일 목록'으로 삶의 중심을 옮기는 것은 공격적인 삶이라고도 덧붙였다. 돈을 벌려면 내가 어떤 사람인지, 내가 지금 어디에 있고, 내가 만들어내고자 하는 가치가 무엇인지를 아는 것이 중요하다. 그리고 그 일을 위해 내가 해야 할 일의 목록을 짜야 한다. 내가 원하는 방식으로 돈을 벌 수 있는지도 중요하다. 그렇지 않으면 돈을 벌어도 행복하지 않을 수 있기 때문이다.

이처럼 인생, 일, 돈, 행복은 모두 연결되어 있다. 그리고 그 중심에 내가 있다. 내가 제대로 서 있으면 어떠한 문제든 결국엔 풀 수 있지만, 나를 놓아버리면 다시 일어설 수 없다. 창업한 지 8년이 된 어떤 대표가 3~4개월 빼고는 8년 내내 돈 때문에 고통스러웠다고 고백했다. 그는 최근 서른 남짓한 직원을 내보내며 더 힘든 시간을 보내고 있었다. 이처럼 현실은 녹록하지 않다. 그렇다 해도 넋 놓고 있을 수 없다. 지금 때문에 괴로울 때가 많아도, 직원을 내보내면서까지 사업을 지켜내야 하는 상황도 결국 내가 주체적으로 해결해 나가야 한다.

아일랜드의 선장들은 암초의 위치를 낱낱이 알고 있는데, 이것은 배의 밑바닥으로 그 암초들을 일일이 긁어보았기 때문이라고 한다. 수많은 거절과 실패, 인간관계에서 오는 실망감. 우리의 멘탈을 하루가 멀다 하고 송두리째 뒤흔드는 일들이 실은 일일이 암초를 긁어보는 일이다. 좌초하지 않는다면, 어느새 이전보다 더 깊은 통찰력과 더 나은 문제 해결력을 지닌 사람으로 성장해 있을 것이다. 그런 사람이 부를 얻을 확률도 높다.

내가 괜찮아질 때까지 기다려주기

나는 콰타드림랩을 설립하기 이전부터 학교 밖 청소년, 차상위계층, 한부모, 다문화 가정의 청소년을 위해 교육 봉사를 해왔다. 그들과 함께 공부와 문화생활을 하고, 멘토링을 하며 긴밀한 관계를 유지해오고 있다. 처음 만났을 때 중학생이었던 아이가 사회 초년생이 되어 드넓은 세상 속 자기 자리를 찾아 들어가는 모습을 보면 대견하기도 하고, 이런저런 걱정에 가슴이 조마조마하기도 하다.

어떻게 그런 일을 겪었을까 싶은 생각이 들 정도로 딱한 사정을 지닌 친구도, 가치 판단이 제대로 서 있지 않은 상황에서 돌이키기 힘든 실수를 저질러 안타까운 마음이 들게 하는 친구도 있다. 대다수는 불우한 가정환경과 어두운 과거로 인해 받은 상처를 내면에 쌓고 쌓아 그 안에 자기 자신을 가두어버린다. 그들 눈에 비친 세상은 어둡고 절망적이다. 그런데 제아무리 힘들고 어려운 상황에서도 밝음을 잃지 않는 아이들도 있다. 그들을 볼 때마다 어떤 일을 겪었느냐보다 그 일을 어떻게 바라보고 소화하느냐가 더 중요하다는 걸 느낀다.

상황을 뛰어넘고 새로운 삶으로 도약하려면 큰 에너지가 필요하다. 자신의 과거와 스스로 설정한 한계로부터 벗어나려면 힘차게 뛰어올라야 한다. 이때 약간의 발판만 마련해줘도 힘을 덜 들이고 도움닫기를 할 수 있다. 콰타드림랩이 취약계층 청소년에게 해주고 싶은 역할도 이것이다.

청소년기와 청년기는 가장 많은 시행착오를 겪는 시기다. 실수와 실패가 많은 것이 당연하다. 나 또한 그랬다. 그럼에도 내가 부정적이거나 염세적인 사람이 되지 않을 수 있었던 건 인내했기 때문이다. 내가 괜찮아질 때까지 기다려줬다고 해야 맞겠다.

"우리 젊은이들은 첫 번째 시도에서 좌절을 경험하면 열정을 잃어버린다. 젊은이가 장사를 하다가 실패하면 사람들은 그가 망했다고 수군거린다. 최고의 천재가 대학교에서 공부한 뒤 1년 이내에 보스턴이나 뉴욕 같은 도시나 그 외곽에 번듯한 사무실을 차지하지 못하면, 친구들은 물론 본인도 크게 낙담해 평생 불평만 쏟아낸다." 19세기 미국 사상가인 랄프 왈도 에머슨이 한 말이다. 21세기를 살아가는 우리 모습과 놀랍도록 흡사하지 않은가? 기대했던 미래가 펼쳐지지 않으면 빠르게 식어버리는 모습까지도. 에머슨이 말하길, "인내가 스스로에 대한 믿음과 결합되면 새로운 힘이 생긴다"라고 했다. 한계를 뛰어넘을 새로운 힘을 얻고 싶은가? 그렇다면 자기 자신을 믿고 인내해야 한다.

나는 지나친 자책이나 스스로에 대한 원망이 올라오면 그대로 흘려보내려 노력한다. 심각하게 받아들이지 않는다. 있는 그대로 상황을 인식하는 건 좋지만 그 감정이 스스로를 지나치게 깎아내리지 않도록 경계한다. 나를 믿으므로 내가 커 나갈 때까지 인내하길 선택한 것이다.

낮은 자존감, 자기비하, 자책 등 파괴적인 생각이 떠오르면 그 생각에 계속 빠지지 않도록 주의한다. 자주 생각하는 것이 나를 만든다고 믿기 때문이다. 그래서 원초적으로 떠오르는 생각과 감정에 맹목적으로 이끌려서는 안 된다. 자신의 생각에 대해 판단하는 능력, 즉 메타인지를 통해 합리적으로 걸러내야 한다. 뛰어난 메타인지를 지닌 사람은 실수하고 실패하더라도 다시 일어날 수 있는 회복탄력성이 높다. 자기 자신과 실수를 분리해 바라볼 줄 알기 때문이다. 이 능력은 자기 내면을 깊이 살펴본 사람만이 가질 수 있다.

매일 아침 홀로 있는 시간은 나와 잘 지내는 법을 터득하는 시간이기도 하다. 나에 대해 잘 알고, 나와 잘 지내게 되면 진정으로 자신을 위한 선택을 내릴 줄 알게 된다. 필연적으로 실패에 더 자주 노출될 수밖에 없는 청소년과 청년에게 콰이어트 모닝이 더욱 필요한 이유도 여기에 있다.

가까운 지인이 매달 고등학생 자녀 한 명에게 들이는 교육

비가 400만 원인데, 성적이 제자리라 고민이라고 했다. 정도 차이는 있겠지만 남들 다 하니까, 이왕이면 명문대를 가야 앞날이 보장될 것 같으니까 무리하게 돈을 써가며 성적에 매달린다. 하지만 열심히 달려간 끝에 도착한 곳이 내가 바라던 곳이 아니라면? 다시 내가 원하는 곳으로 가기 위해 원점으로 돌아가야 한다면?

왜 공부하는지, 내가 무얼 잘하는지, 어떤 일을 할 때 행복하고 기분이 좋은지에 대한 자기만의 답을 찾아야 한다. 공부를 잘하는 방법 말고 공부를 해야 하는 이유, 인생을 잘 사는 방법 말고 인생을 사는 이유를 먼저 고민해야 한다. 그것이 시간을 아끼는 길이다. 직장인도 사업가도 마찬가지다. 콰타드림랩을 통해 컨설팅을 받는 사람들 대다수가 말하는 아쉬움이 이것이다. "다른 사람한테 물어보기 전에 나에게 먼저 물어볼 걸 그랬어요."

평생 직업이라는 개념이 사라지고 있는 시대, 점차 훨씬 더 다양한 진로가 펼쳐질 것이다. 메타인지를 키워두면 자신이 진정 원하는 길을 보다 잘 알아볼 수 있다. 죽기 전까지 가장 멋진 나를 완성하겠다는 마음으로, 매일 자기 안에 좋은 씨앗을 심고 물을 주고 인내하자. 각자 피워낼 아름다운 꽃을 기대하면서.

행복을 내일로 미루지 않기

홀로 보내는 시간을 내기가 매우 어려운 사람들이 있다. 바로 어린아이를 양육하는 부모다. 육아의 어려운 점은 직장은 출근과 퇴근이 비교적 명확한 반면, 육아는 출근도 퇴근도 없이 거의 하루 종일 이어진다는 점이다. 특히 아이가 어릴수록 수면이 불규칙하고, 아프기라도 하면 패턴이 다 깨지기 때문에 일정한 시간을 낸다는 게 보통 쉬운 일이 아니다. 콰이어트 모닝이 좋은 건 알지만 과연 실천이 가능한지 의문이 들 수 있다.

우리 가정에도 2015년과 2018년에 아이가 태어났다. 부모가 되니 삶의 중심축이 아이들에게로 단번에 옮겨졌다. 특히 아내는 엄마로서 아이를 품고 출산하고 키우며, 나보다도 더 많은 변화를 겪었다. "나는 괜찮아." 늘 이렇게 말하는 아내이지만 엄청난 헌신으로 엄마의 자리를 감당하고 있다는 걸 안다.

아이를 키우느라 자기 욕구를 채우는 건 늘 후순위로 밀린다. 제시간에 밥도 먹기 힘들고 화장실도 원하는 때 가지 못하는데 매일 홀로 있는 시간을 내라니, 불가능에 가깝다고 생각할 수 있다. 아이들과 함께하는 아침을 생각해보자. 시끄럽고, 부산스럽고, 정신없이 바쁘고, 스트레스가 절로 쌓이는 광경이 떠오른다. 아내나 친한 지인들을 보면 출산 과정에서 무너진 몸을 회복하는 데도 오랜 시간이 걸리지만 무엇보다 마음이 큰 문제였다. 육아로 인한 스트레스를 그때그때 풀지 못하면, 호르몬 때문에 산후 즉시 생기는 우울감이 회복되지 못하고 심각한 우울증으로 발전되기도 한다.

그러니 더더욱, 출산과 육아로 힘든 사람일수록 나 홀로 있는 시간을 악착같이 챙겨야 한다. 심리적으로 무너지면 몸은 더 빨리 무너지게 되어 있다. 특히 직장일과 육아를 힘들게 병행하는 워킹맘이 그렇지 않은 여성보다 우울증 위험도가 두 배 더 높다는 조사 결과가 있었다. 엄마로서 역할을 잘 수행하지 못하는 것 같아 생기는 죄책감, 체력과 정신력 소진이 원인이었다. 이들은 꼭 충분한 휴식, 수면을 통해 정신과 육체를 이완시켜야 한다.

홀로 침묵 속에 머무는 시간은 메타인지를 향상시키고, 스트레스를 즉각 줄어들게 하는 데도 효과적이다. 엄마들이여, 아침, 점심, 저녁 어느 때라도, 홀로 고요한 시간을 무조건 확보하자. 하루 10분이라도 괜찮다. 가족들이 아닌 내가 좋아하는 음악을 듣고, 내가 좋아하는 책을 읽고, 나의 생각을 조용히 글로 옮겨보고, 잠깐 눈을 감고 고요히 머물러보자. 매일 작은 시간을 떼어 자기 자신에게 온전히 집중하는 것이 나머지 하루의 분위기에도 강력한 영향을 미친다. 무엇보다 행복해진다. 아이가 행복해야 부모가 행복한 것처럼, 부모가 행복해야 아이도 행복하다는 걸 잊지 말자.

서울청년센터에서 특강 참가자들과 행복을 주제로 토론을 벌였을 때 일이다. 한 청년이 자기는 시그니엘 같은 고급 레지던스에 살아야 행복할 것 같다며, 이를 위해 100억 원대 자산을 일구는 것이 목표라고 말했다. 그는 시그니엘에 입주하면 40년은 행복할 것 같다고 웃으며 이야기했다. 내가 물었다. "그러면 100억 원을 벌어서 시그니엘에 입주하기 전까지는 무엇으로 행복을 느낄 건가요? 시그니엘에 입주하면 정말 확실히 행복해질까요?" 나는 그때로 행복을 미루지 말고 지금 당장 행복할 수 있는 방법을 찾아보자고 했다.

내가 힘들 때마다 읽는 책이 있다. 바로 『달라이 라마의 행복론』인데, 여기에 이런 말이 나온다. "당신이 행복하지 않다면 집과 돈과 이름이 무슨 의미가 있겠는가. 그리고 당신이 이미 행복하다면 그것들이 또한 무슨 의미가 있겠는가."

2018년부터 연이은 사업 실패로 괴로울 때, 행복이 지금 지닌 것, 상황에 좌우되는 것이 아니란 깨달음이 엄청난 자유를 안겨주었다. 달라이 라마에 따르면 사업에 실패한 이 순간에도 행복할 수 있었기 때문이다. 이처럼 현인들은 인생에서 벌어지는 모든 일에서 좋은 것을 찾아내야 하고, 찾아낼 수 있다고 믿는다. 나도 거기에 동의한다. 시그니엘에 살면, 아이들을 다 키우면 행복할 거라고, 행복을 미루지 말자. 우리는 태어나는 순간부터 늘 지척에 죽음을 두고 사는 존재다. 행복을 미래로 미루는 건 어리석은 일이다.

8

마음의 힘을
키우는 아침

스스로 감내해야 하는 영역

어린 시절 나는 만화 영화를 보며 상상의 나래를 펼치기를
좋아했다. 당시 매주 잡지에 연재되는 만화는 일정 기간 지나야
단행본으로 엮여 나왔는데, 그때까지 기다리기가 힘들어서 매
주 잡지를 샀다. 그중 내가 가장 좋아했던 만화는 단연『드래곤
볼』이다.

『드래곤볼』에서 주인공 손오공은 무천도사에게 '정신과 시
간의 방'이란 공간을 안내받는다. 정신과 시간의 방은 중력이

열 배나 강하고, 바깥에서의 이틀이 방 안에서는 자그마치 2년인 초현실적인 공간이다. 당시 초등학교 1학년이던 나는 정신과 시간의 방이 굉장히 마음에 들었다. 얼마나 환상적인가! 얼른 강한 어른으로 자라고 싶은 아이에게, 강한 상대와 싸우기 위해 현실보다 훨씬 느리게 시간이 흘러가는 공간에서 기상천외한 방법으로 신체와 정신을 훈련한다는 설정은 너무나 매력적이었다. 지금도 『드래곤볼』을 가끔 보는데, 볼 때마다 감회가 남다르고 새롭게 보게 되는 지점들이 있다. 내 안이 달라져 있으면, 외부 자극이 만들어내는 파동도 달라지기 때문이다.

얼마 전 관내 중고등학교 학생들을 위한 교육 프로그램을 설계해 달라는 요청을 받았다. 예산 범위 내에서 최적의 교육 프로그램을 큐레이션하는데, 이 모든 활동의 핵심 목적은 청소년들이 정신과 시간의 방 속에 들어온 것 같은 느낌을 갖도록 정교하게 구조화하는 것이다. 압축적이고 밀도 있는 성장이 일어나길 기대하며 프로그램을 짠다.

학생들은 대체로 기상 시간을 통제하는 법부터 배운다. 여기서 기상 시간을 통제한다는 것은 '기상 시간을 나의 주도권 아래 두는 것'을 뜻한다. 나의 의도대로 일어나는 데 성공하면 하루를 작은 승리로 시작하는 셈이다. 억지로 일어났을 때보다 훨씬 기분 좋은 출발이다. 개인의 변화는 작은 성취의 누적에서 오기 때문에 주중 야식 먹지 않기, 아침에 조깅하기, 주말 아침에 30분 독서하기 등 큰 무리가 따르지 않는 일을 정해서 실천하게끔 하고, 멘토와의 만남도 주선한다.

그런데 이런 프로그램을 통해 변화가 시작되었다 해도, 프로그램이 끝나고 나서까지 변화가 이어지게 하려면 수동적으로 프로그램에 참여하는 것만으로는 안 된다. 스스로 훈련을 설계해서 지속할 수 있는 레벨로 성장해야 한다. 그간 여러 교육 프로그램을 운영하며 살펴보니 이런 자발적 설계가 가능한 데까지 나아가는 청소년은 전체의 10퍼센트에 불과했다. 새로운 무언가를 지속하는 일이 그만큼 어렵다. 도대체 어떻게 해야 변화를 지속할 수 있을까? 나는 그 답이 반복에 있다고 믿는다.

위대한 성과를 내고 유명해진 사람이 있다. 우리는 그가 보낸 고독한 훈련의 시간은 알지 못한다. 대부분 사람들이 지금껏 애쓴 시간을 공개해 달라고 적극 요청하기 전까지, 그들은 자기 일상을 선뜻 드러내지 않기 때문이다. 사실 특별한 것도 별로 없는 경우가 많다. 대개는 너무나 평범하고 어쩌면 지루하기까지 한, 반복되는 일상을 보낸다.

각 분야 최고의 운동선수들이 보여주는 화려한 플레이는 수많은 기초 동작을 반복 훈련해 쌓은 탄탄한 기본기에서 비롯된 결과물이다. KBO 통산 홈런 1위에 빛나는 이승엽은 "혼신의 노력은 결코 배신하지 않는다. 평범한 노력은 노력이 아니다"라고 말했고, 2016년 리우데자네이루 올림픽 금메달리스트인 김현우는 "나보다 더 땀을 흘린 선수가 있다면 금메달을 가져가도 좋다"라고 말했다. 그만큼 땀 흘리며 혼신의 노력을 다한 자만이 최고의 자리에 오르는 것이다.

사람들은 경기에서 보는 환상적인 플레이에는 열광하지만, 기초 동작 훈련을 하는 모습에는 그만큼 열광하지 않는다. 이처럼 화려함은 외부와 나누는 영역이고, 훈련은 스스로 감내하는 영역이다. 앞서 이야기한 600여억 원에 자기 피자 브랜드를 매각한 Y 대표도 그랬다. 사람들은 그에게 특별한 무언가가 있을 거라는 환상을 품고, 그만의 성공 비결을 듣고 싶어 했다. 그러나 사람들이 품은 환상과는 달리 그의 일상은 아주 단순하고, 절제되어 있고, 화려함과는 거리가 멀다. 나도 몇 해 전 KBS 대구방송에서 청년 CEO의 하루를 찍고 싶다 하여 촬영한 적이 있는데, 아침에 일어나 하루 종일 사업장을 오가는 모습을 방송으로 보니 내가 봐도 특별한 게 없었다. 정말 중요한 것, 이를테면 내가 사업장을 왜 오가는지, 어떤 마음으로 일을 하는지는 눈에 보이지 않아서다. 이처럼 정말 중요한 건 겉이 아니라 속에 있어 알아차리기 어렵다.

교육 컨설턴트인 나는 어떻게 하면 사람들이 훈련을 지속하도록 도울 수 있는가에 관심이 많다. 오늘은 실패했지만 내일 다시 시도하고, 성공할 때까지 시도할 수 있게 하는 끈기는 어디에서 나오는가? 정신과 시간의 방에서 손오공이 단련했던 것처럼, 밀도 있는 성장을 우리도 실현할 수 있을까?

'위대함은 일상의 누적이다.' 창업 과정을 가르쳐주셨던 카이스트 경영대학원 조성주 교수님의 메일 끝에 항상 적혀 있던 문구다. 나는 이 말을 참 좋아한다. 원대하고 위대한 것이 어느 순간 뿡 하고 나타난 것 같지만 그렇지 않다. 혜성처럼 나타나는 것은 없다. 일상 중에 차곡차곡 쌓아올린 기본기가 그때 비로소 발현된 것뿐이다. "작은 것을 크게 받아들이는 자에게 큰 것이 찾아든다." 로마의 마지막 정치가로 불리는 카시오도루스의 말이다. 위대한 거인은 작은 일상을 소홀히 여기지 않고 크게 받아들인다. 일상의 무게를 안다.

언더독 마인드

언더독underdog은 주로 스포츠나 선거 등의 경쟁에서 이길 확률이 낮은 약자를 가리킨다. 언더독의 반대말은 탑독 또는 오버독으로, 언더독과 탑독을 다윗과 골리앗에 비유하기도 한다.

나는 나를 언더독으로 여기며 살아왔다. 그런데 어느 날 친구가 내 이야기를 듣더니 이렇게 말했다. "네가 언더독이라니, 공감이 잘 안 가." 공부한 것을 보나 커리어를 쌓아온 것을 보나 언더독으로 규정하기에는 무리가 따른다는 것이다. 친구의 말은 내가 왜 지금껏 스스로를 언더독으로 여기며 살아왔는지에 대해 곰곰이 생각할 계기를 만들어주었다.

사실 무언가를 판단할 때의 기준은 상대적일 때가 더 많다. 나는 내가 서울대를 졸업했다 하더라도, 수백억 원대의 매출을 올리는 스타트업 대표라 하더라도 스스로를 언더독으로 규정했을 것이다. 우리는 크게 두 가지 기준으로 스스로를 평가한다. 바로 자신이 속한 소속집단과 자신이 속하고 싶은 준거집단이다. 소속집단을 기준으로 비교했을 때는, 집단 안에서 자기 위치가 상대적으로 높다는 생각이 들면 언더독보다는 탑독으로 스스로를 인식한다. 반면 준거집단을 기준으로 판단하면, 상대적으로 자신이 언더독 위치에 있다고 생각할 확률이 높다. 준거집단이 세계무대였던 나는 대학 재학 당시 스스로를 언더독으로 여겼고, 준거집단으로 가기 위한 기회들을 잡으려 노력했다.

내가 나를 언더독으로 여기는 이유는 죽는 날까지 계속 발전하고 싶기 때문이다. 끝까지 아름다운 향기를 내며 나뿐만 아니라 주변에도 좋은 영향력을 미치는 삶을 살고 싶다. 스스로를 언더독이라 여기며 계속 정진해가려는 마음을 헝그리 정신, 다른 말로 챔피언 마인드라고 부른다. 진정한 챔피언은 치열한 경쟁을 뚫고 우승 트로피를 거머쥐어도, 다음 날이면 어김없이 체육관으로 나간다. 챔피언은 우승을 사랑하는 것이 아니라 경기 자체를 사랑하기 때문에, 오늘 승리했어도 거기에 도취하지 않고 다음 경기를 준비하기 위해 길을 나선다.

반면 자신을 오버독이라고 생각하면 방심하기가 쉽다. 자기 지위를 믿고 선을 넘으며, 과잉된 자의식이 눈살을 찌푸리게 한다. 사실 스스로를 언더독으로 여기는 챔피언보다 이런 오버독을 발견하기가 더 쉽다. 골리앗을 히브리어 문자 그대로 해석하면 '신이 거만하도록 만든 존재'인데, 인간은 본능적으로 자기가 우세하다고 여기는 순간 교만이 마음에 차오르게 만들어져 있다.

많은 사람이 정상에 오르면 그때까지 지녔던 챔피언 마인드를 놓아버린다. 목표를 이뤘다는 안도감, 다음 목표의 부재 등 여러 가지 이유가 있다. 하지만 인생은 끝날 때까지 끝난 게 아니어서, 하나의 스테이지를 넘기면 다음 스테이지가 열린다. 살아 있는 한 우리에게는 계속 다음 라운드가 있다. 이번 라운드에서 성공했다고 금세 정신을 놓으면, 그다음 라운드에서는 어김없이 어려움을 겪는다.

현대인에게는 풍요로움도 악재다. 비만, 마약, 나태… 모두 풍요로움에서 비롯되는 장애물이다. 끝까지 훌륭한 인생으로 완주하기 위해 겸손, 절제, 성실로 무장해가는 것이 얼마나 중요한지, 삶의 절정을 맞이했다 추락하는 인물들을 볼 때마다 느낀다. 나는 스스로를 언더독이라 규정하는 것이 좋다. 마침내 세상이 나를 오버독으로 인정하는 순간이 와도 챔피언 마인드를 잃고 싶지 않다. 설레는 마음으로 다음 라운드를 기대하는, 언더독 마인드를 끝까지 버리지 않는 챔피언으로 살고 싶다.

삶을 이어가는 힘

"우리는 모두 두 눈에 붕대를 감고 현재를 통과한다. 시간이 흘러 그 붕대가 벗겨지고 과거를 자세히 들여다보게 되면 그때서야 비로소 우리는 지나온 날들을 이해하고 그 의미를 깨닫는다." 밀란 쿤데라가 『참을 수 없는 존재의 가벼움』에서 한 말이다. 과연 그렇다. 일정한 시간이 흐르고 나서야 알게 되고 보게 되는 것들이 있다.

그렇다면 명확한 한계를 짊어지고 살아가는 존재로서 우리가 지녀야 할 최선의 태도는 무엇일까? 내 삶에서 일어나는 모

든 일이 결국 시간이 흘러 붕대가 벗겨진 눈으로 들여다봤을 때
는 모두 의미 있는 조각들이었음을 알게 될 것이다. 그러니 지
금 당장은 의미를 알 수 없어도 감사함으로 수용하는 것이 현명
한 태도 아닐까.

나는 매일 새벽 4시 30분 즈음이면 눈을 뜬다. 17년 가까이
홀로 아침을 보내는 습관을 유지해와서인지 알람 없이도 저절
로 눈이 떠진다. 아직 잠에서 덜 깨어 의식이 명확해지기 전에
나는 짧게 되뇐다. "감사합니다." 새로운 아침을 맞이했다는 것
자체에 진심으로 고마워하면서 잠에서 깨어난다.

'1816년 집을 잃고 길거리로 쫓겨남. 1818년 어머니 사망.
1831년 사업에 실패. 1832년 주의회 의원 선거 낙선. 1833년 다
시 사업에 실패. 1835년 약혼자 사망. 1838년 하원의장 선거 패
배. 이후 몇 차례 낙선을 거듭한 끝에 1860년 대통령 당선. 심각
한 우울증으로 인해 두 차례 자살을 시도.' 누구의 이력인 줄 아
는가? 바로 남북전쟁 승리, 노예제도 폐지를 이끈 미국의 16대
대통령 에이브러햄 링컨이다. 대다수는 링컨을 거의 신격화하
기 때문에 그가 평생 극심한 우울증을 앓았다는 사실을 잘 모른
다. 그는 겉으로는 유머러스하고 여유로웠지만 실제 삶은 시련
투성이였다. 그러나 그는 시련에서 늘 긍정적인 의미를 찾으려
애썼으며, 우울증을 더 큰 일을 감당할 능력을 얻기 위한 특별

한 장애물로 받아들였다.

자기 삶을 있는 그대로 받아들이고 감사하는 것에는 엄청난 힘이 있다. 어떤 악조건 속에서도 감사할 수 있다면, 우리는 어떻게든 삶을 이어갈 수 있다. 그렇지 않은가? 그 어떤 시련도 모든 것을 받아들이겠다는 사람 앞에서는 위력이 꺾일 것이다. 링컨의 삶에서 볼 수 있듯 말이다.

여러 연구 결과에 따르면, 분노와 원망의 감정을 품고 있을 때 나오는 호르몬은 실험용 쥐 몇 천 마리를 죽음에 이르게 할 만큼 강력한 독성을 내뿜는다. 반면 감사해하는 마음은 뇌파와 혈압을 안정시키고 혈액의 흐름을 원활하게 한다. 감사는 몸에도 이롭고, 궁극적으로 내 인생에도 이롭다. 그래서 내가 아침에 품기로 택한 감정이 바로 감사인데, 그러려면 전날 밤 감사한 마음을 간직한 채로 잠자리에 드는 것이 좋다.

나는 그날 어떤 일이 있었건, 하루를 마무리할 때면 감사해할 일들을 적극적으로 탐색한다. 아무리 감사한 일이 떠오르지 않는 하루여도, 내가 살아 있고 사랑하는 가족이 함께한다는 것만으로 충분히 감사할 수 있다. 평범하고 소소한 우리의 일상은 수많은 불행이 겹쳐 일어나지 않아 유지되는, 사실은 비범한 기적이다. 그렇지 않은가? 우리를 위험에 빠뜨리거나 생명을 단번에 앗아갈 수 있는 일은 지척에 도사리고 있다. 내가 굳이 어떤 잘못을 하지 않아도 온갖 알 수 없는 이유로 불행은 들이닥칠 수 있다. 그게 삶의 부조리이자 삶이 허무한 이유의 핵심이다. 그렇게 생각하면 내가 오늘 무사히 살아남은 것만으로도 감사할 일 아닌가? 지금 이 순간 그 자체를 감사하게 받아들여야 실패를 만회할 기회를 다시 엿볼 수 있고, 새로운 희망을 꿈꿀 수 있다.

새벽은 이런 감사한 마음을 가다듬고 떠올리는 데 특화되어 있는 시간이다. 고요함, 동이 트기 전 밝지도 어둡지도 않은 빛. 이런 시간에 마음이 마구잡이로 날뛰기란 쉽지 않다. 복잡했던 마음도 가라앉고, 충만한 감사가 차오른다. 아침이 주는 힘이다. 2014년 여름, 영국 옥스퍼드대에서 보낸 아침은 특히 인상적이었다. 옥스퍼드의 엑시터 칼리지는 『반지의 제왕』을 쓴 J. R. R. 톨킨과 『해리 포터』를 쓴 J. K. 롤링이 공부한 곳으로도 유명한데, 나는 매일 새벽 방 밖으로 보이는 그 거리를 바라보며 과연 한 세기의 역작을 쓴 작가를 둘이나 탄생시킬 만한 배경이라는 생각을 했다.

하나둘 켜지는 상점 불빛들, 아직 동이 다 트지 않은 새벽, 옥스퍼드 거리를 거니는 학생과 학자. 고요하고 충만한 그 시간에 완전히 매료되었다. 자기계발을 위해 억지로 눈을 뜨고 아침 시간을 보냈다면 나는 그 습관을 오래 유지하지 못했을 것이다.

홀로 있는 시간, 특히 홀로 있는 아침이 너무 좋았기 때문에, 이렇게 좋은 걸 계속하지 않을 이유가 없어서 지금껏 해왔다. 그로 인해 얻어낸 성취는 덤으로 받은 것이다.

콰이어트 모닝이 자신에게 집중하는 시간이라고 해서 오해하면 안 되는 것이, 오로지 '나, 나, 나'만 외치는 사람이 되라는 얘기가 아니다. 내가 어떤 사람인지를 잘 안다는 것에는 나의 위치를 아는 것도 포함되기 때문이다. 그래서 나는 내 앞에 놓인 문제가 너무 커 보일 때 의식적으로 집 밖에 나가 자연을 본다. 산이나 바다를 찾기도 한다. 나무, 새, 구름, 하늘, 바다. 숭고하고 장엄한 자연의 풍광 앞에 서면, 그제야 나의 크기, 나의 위치가 가늠이 된다. 광활한 우주 속 작은 먼지 같은 나. 그러면 나의 문제도 어느새 작게 느껴지면서 자연히 환기가 된다. 18세기 영국의 시인 윌리엄 블레이크는 "한 알의 모래에서 하나의 세계를 보고, 한 송이의 들꽃에서 천국을 본다"라고 했다. 자연과 내가 결국 하나로 연결되어 있다는 걸 깨달으면, 마음의 평온을 되찾기도 하고, 문제 해결의 실마리를 보다 유연하게 찾기도 하며, 좋은 에너지도 받는다.

매일 새벽 4시 30분에 일어나 감사한 마음으로 하루를 시작한다. 홀로 서재에서 고요히 나만의 시간을 보낸다. 운동을 한다. 사람들과 어울려 일을 해낼 때는 최선을 다한다. 이 모든 것에 감사해하며 하루를 마무리한다. 마음이 번잡할 때는 자연 속에서 쉰다. 내가 택한 이 단순한 삶의 방식이 모든 것을 바꿨다. 나뿐만 아니라 자기 삶을 건강하고 탁월하게 유지시켜 나가고 싶어 하는 사람 대부분은 이런 라이프스타일을 택한다. 더할 것도 덜 것도 없이, 아주 단순하면서 현명한 삶의 양식이다.

시기는 저마다 다르겠지만 살아 있는 모든 존재는 죽는다. 죽음은 최고의 휴식이다. 죽은 자는 말이 없다. 죽은 자는 고민이 없고 집착이 없다. 고통을 느낄 일도 괴로움을 느낄 일도 없다. 반면 삶은 그렇지 않다. 살아 있으니 고통, 불안, 집착, 번뇌, 고민을 피할 수 없다. 끝없이 방황하고, 울다가 웃는다. 살아 있는 존재만이 모든 걸 누릴 수 있고, 달라질 희망이 있다. 그래서 영원한 죽음보다 짧은 삶이 의미가 있는 것이다.

"현재의 이 시간이 당신에게 선물이 되게 하라." 감사함으로 매일 하루 24시간을 선물로 받고, 힘껏 좋은 것을 누리고, 행복해지자. 헤르만 헤세의 말처럼, 우리는 행복하기 위해 이 세상에 왔으니까.

방 밖으로 나갈 필요가 없다.

테이블에 앉은 채 가만히 듣기만 하라.

아니, 듣지도 마라.

그냥 기다리면서 고요히 혼자 있어라.

세상은 자신을 내어줘 그대의 가면을 벗길 것이다.

그러면 선택하고 말 것도 없이

황홀경이 그대의 발밑으로 굴러 들어올 것이다.

프란츠 카프카

CHAPTER 3

뇌를 바꾸는 원리

'거기까지 갈 수 없을 거야'라고 제한하지만 않는다면,
우리는 더 대단한 것들을 이룰 수 있다.

9

사람은 정말
변할 수 있을까

결정되어 있는 것은 아무것도 없다

2014년에 나는 수강생이 500명에 가까운 어학원의 최고경영자로 바쁘게 지내고 있었다. 직원은 파트타임 교사 포함 열다섯 명 남짓이었다. 수강생도 점점 늘고 겉보기에는 안정적으로 잘 운영되는 것 같았지만, 교사들은 학습 동기를 고취시키는 데 애를 먹고 있었고, 나도 직원들에게 비전을 제시하고 리더십을 발휘하는 데 한계를 느끼고 있었다. 마음 한구석에서 '이대로는 안 된다'라는 목소리가 들리기 시작했다. 언제나 처한 상황을 타개하고 다음 단계로 도약하기 위해서는, 문제의 정확한 인식에서 출발해야 한다. 나는 경영 현장에서 잠시 물러나 현재를 객관적으로 바라볼 시간을 갖기로 했다.

무엇이 동기를 유지시켜줄 수 있는가를 배우고 싶었다. 마침 2014년의 콰이어트 타임 트래블을 계획하고 있었는데, 하버드대의 '왜 사람은 변하는가?Why People Change?' 강의가 눈에 들어왔다. 하버드대를 비롯한 미국의 아이비리그에서는 여름 방학 기간 동안 일반인들에게 하버드대 정규 과정을 오픈하는데, 꽤 까다로운 절차를 거쳐 선발한다. 내가 들으려 하는 강의는 프로이트의 정신분석학부터 뇌과학, 행동치료, 긍정심리학 등 매주 현대 심리학의 주요 키워드를 다루는 수업이었다. 미시시피 주립대에서 받은 심리학 과목 올 A 성적표와 아이엘츠 점수를 제출하니 한 달쯤 후에 하버드대에서 컨펌 레터가 왔다.

방학은 어학원에서 가장 바쁜 시즌이지만 과감히 미국행에 올랐고, 2014년 6월부터 두 달을 보스턴에서 보냈다. 보다 앞으로 나아가기 위한 일시 멈춤이었는데 결과적으로 아주 잘한 선택이었다. 이 수업을 통해 어떻게 해야 더 잘 변화하고, 그 변화를 유지할 수 있는지에 관한 답을 얻었기 때문이다. 콰이어트 모닝이 실제로 인생을 변화시킬 힘을 가졌다는 이론적 근거를 찾은 것도 큰 수확이었다.

'무엇이 사람을 변화시키는가'라는 물음은 결국 '무엇이 사람의 뇌를 변화시키는가'로 귀결되었다. 신체 활동과 행동, 인지, 감정, 기억, 학습 등 인간의 거의 모든 것을 관장하는 기관이 바로 뇌니까 말이다. 인간의 뇌는 오래전 파충류의 뇌라 불리는 구피질이 만들어지고, 그 위에 포유류의 뇌로 불리는 신피질이 덧대어지는 형식으로 진화를 거듭해왔다. 세대를 거듭해오면서도 뇌는 진화했지만, 한 개인의 일생 속에서도 계속 바뀐다. 이때 뇌는 특정 방향으로 발달하지 않는다. 유전적으로 미리 프로그램되어 있지 않다는 이야기다. 뇌는 우리가 상상하는 것 이상으로 훨씬 융통성이 크고, 따라서 어떤 방향으로든 확장되어갈 수 있다. '거기까지 갈 수 없을 거야'라고 제한하지만 않는다면, 우리 뇌는 더 대단한 것들을 이룰 수 있다.

좋은 경험을 쌓아야 하는 이유

나는 10대 때부터 나라는 존재가 변할 수 있는지가 정말 궁금했다. "사람 안 변해"라는 말이 "사람은 변할 수 있다"라는 말보다 더 진실에 가깝다고도 생각한 시절도 있다. 그러나 대학 도서관에서의 왕성한 독서를 통해 내적인 변화를 드라마틱하게 경험한 나는 그제야 사람은 변할 수 있다고 믿게 되었다. 특별한 것 없는 내가 변할 수 있다면, 다른 사람들도 변할 수 있는 게 당연했다.

　교육을 하면 어떤 사람은 눈에 띄게 변화가 일어나는데 어떤 사람은 변화가 더디고, 심지어 그대로인 사람도 있다. 무엇이 이런 차이를 만들어내는지 궁금했다. 그런데 과학자들이 연구해보니 뇌 영역끼리, 그리고 뇌 영역과 몸의 다른 영역이 긴밀하게 상호 연결되어 있을수록 뇌가 잘 변화할 뿐 아니라 인지 능력도 더 뛰어났다.

　약 1천억 개의 뇌세포는 다른 세포와 수백 조의 연결을 만들어내는데, 뇌가 자기 구조를 어떻게 설계하느냐에 따라 연결의 강도는 계속 변화한다. 이때 우리가 경험하고 생각하고 느끼는 모든 것이 뇌의 설계에 영향을 준다. 우리가 뭔가를 배울 때 말고도 멍하니 있거나, 별다른 의미 없이 거리를 배회하거나, 친구들과 수다를 떨거나 하는 모든 것이 뇌에 흔적을 남긴다는 것이다. 그러면 뇌 영역끼리 긴밀하게 상호 연결되도록 하는 경험, 생각, 느낌은 어떤 것일까? 바로 운동, 독서, 명상, 악기 연주처럼 뇌 기능 전체를 활성화하는 활동이다. 매일 콰이어트 모닝에 내가 행하는 것들이 모두 여기에 포함되어 있다.

　최근 연구에 따르면 시각 예술, 음악, 글쓰기, 무용, 연극, 건

축, 유머, 과학적 발견, 발명, 요리 등 분야에서 남다른 창의성을 발휘하는 이들의 뇌에서는 무작위적인 연결을 많이 만드는 경향이 있었다. 또 다른 연구에서는 좋은 기억력, 집중력, 고학력, 알코올과 흡연에 대한 경계심 등 긍정적 속성을 갖추고 있는 이들은 뇌 영역 간 연결이 긴밀하게 이뤄져 있는 반면, 그 반대의 부정적 속성을 지닌 이들은 뇌 영역 간 연결이 불량하다는 것이 밝혀졌다. 이 연구를 수행한 과학자들은 뇌 연결 패턴을 보면 그 사람이 어떻게 살고 있는지 대략 추측할 수 있다고 보았다. 위 결과들을 종합해 생각해보면, 우리가 어떻게 사느냐에 따라 뇌 연결 패턴이 달라지고, 달라진 뇌 연결이 우리 삶에도 영향을 주며 역동적으로 인생을 만들어간다는 걸 알 수 있다.

중요한 건 상호 연결이 잘 되어 있는 뇌는 유전적으로 정해지는 속성이 아니라 우리의 생활 방식, 즉 우리가 내리는 선택을 통해 후천적으로 얻어진다는 점이다. 이 대목에서 우리가 각자 인생을 위해 해야 할 일을 깨닫게 된다. 아이를 품은 엄마가 좋은 음식을 먹고 좋은 것만 보고 생각하려고 애쓰듯, 우리도 우리 자신을 그렇게 보살펴야 하는 것이다. 소설가 이승우는 『사막은 샘을 품고 있다』에서 "우리가 보는 것, 우리가 관심하는 것, 그 것이 우리 인생의 방향과 삶의 질을 총체적으로 결정한다. 우리의 삶은 결코 우리가 보는 것, 관심하는 것 이상일 수 없다"라고 했다. 들리는 대로 듣고, 보이는 대로 다 보려는 안일한 태도는 인생을 엉망으로 만들 수 있다는 걸 자각해야 한다.

어린아이는 다른 뇌세포와 연결을 만드는 능력뿐만 아니라 연결을 잘라내는, 즉 가지치기하는 능력도 어마어마하다고 한다. 버림으로써 발전해간다는 것이 의미심장한 부분이다. 이처럼 어린아이의 뇌는 빠른 연결과 빠른 단절을 통해 놀라운 기세로 성장해간다. 어린아이 때는 워낙 폭발적인 속도로 성장하므로 '어릴 때 공부 좀 열심히 할걸. 지금은 머리가 너무 안 돌아가'라는 생각이 틀린 건 아니다. 그러나 이 같은 신경 가소성, 즉 뇌가 변화하는 능력은 비록 어린 시절만큼은 아니어도 어른이 된다고 해서 사라지지 않는다. 심지어 백발의 노인이 되어도 신경 가소성은 사라지지 않는다고 한다. 뇌는 죽기 직전까지 변한다. 더는 어릴 때처럼 할 수 없다는 사실 말고 아직도 할 수 있고, 심지어 죽기 전까지 가능하다는 사실에 주목할 필요가 있다.

"인간은 끊임없이 어떤 방식으로 행동함으로써 특정한 자질을 습득한다. 올바른 행동을 하면 올바른 사람이, 절도 있는 행동을 하면 절도 있는 사람이, 용감한 행동을 하면 용감한 사람이 된다." 아리스토텔레스의 말이다. 어떤 자질이 생기길 기다리지 말고, 먼저 행동하자. 행동함으로써 뇌에게 당신이 바라는 인생을 알려주는 거다. 안일한 태도는 벗어던지고 적극적으로 나서서 좋은 경험을 하고, 부정적인 방향으로 내달리는 생각을 멈추고, 아무 느낌이나 받아들이는 것을 지양함으로써 뇌를 변화시키면, 그로 인해 인생도 변화할 것이다. 일상에서 벌어지는 일 상당수는 우리가 통제할 수 없는 것들이다. 번잡하고, 다급하고, 정신없는 가운데서 중심을 잡고 살아가려면 수시로 나를 점검하고 바로잡는 시간이 필요하다. 그렇지 않으면 속수무책 휩쓸린다.

지속적인 반복과 강렬한 감정

인간의 변화는 지속적이고 강력한 자극이 동반될 때 비로소 가능하다. 인간의 뇌가 작동하는 방식을 들여다보면 알 수 있다. 우리가 무언가 새로운 것을 경험할 때, 즉 뇌에서 새로운 기억을 만들어낼 때 시냅스라고 하는 신경세포 간의 연결이 생겨난다. 이때 신경세포들은 정말 물리적으로 접촉하는 것이 아니라 서로 화학적 메시지를 주고받는 것이다. 노벨 생리의학상 수상자 라몬 이 카할은 이를 가리켜 "뇌세포들이 서로 손을 맞잡고 있다"라고 표현했다. 이때 세포들이 얼마나 세게 손을 맞잡는지는 이들이 얼마나 많이 접촉하느냐에 달려 있다. 즉, 반복을 해야 연결이 강해진다.

요즘 휴대전화 번호는 거의 연락처에 저장해놓고 사용하지만, 아주 가까운 사람의 번호 몇 개는 외우고 있다. 번호를 누를 때마다 연결이 강화되어 기억으로 남아 있는 것이다. 그러나 딱한 번 보았거나, 몇 번 누르다 말면 잊어버린다. 강화해주지 않으면 뇌세포 사이의 연결이 약해지다 결국 소실되기 때문이다. 이처럼 인간의 뇌는 지속적으로 반복해야 이를 중요하게 받아들인다. 반복은 뇌에게 주는 가장 강력한 메시지인 셈이다.

한편 어떤 기억은 단 한 번 경험했을 뿐인데도 깊이 각인된다. 아주 강렬한 감정과 결합된 경우다. 예를 들면 위험이 닥쳐 죽을 뻔한 순간이나 생애 몇 안 되는 아주 감격스러운 순간 같은 특별한 경험은 딱 한 번 겪어도 평생 잊지 못한다. 이처럼 반복되는 경험, 강력한 감정과 결합된 경험은 오래 남는다. 반복과 강렬한 감정이 동반되면 뇌세포끼리 손을 더 꽉 마주잡아 매우 강한 연결을 만들어낸다. 즉, 기억이 강화된다는 것이고, 그러면 학습이 더 잘되며, 변화도 더 빨리 일어난다. 반면 반복되지 않거나 강한 감정이 수반되지 않는 정신적 자극은 모두 사라진다. 결론적으로 지속적인 반복과 강렬한 감정이 인간을 변화시킬 수 있는 궁극의 방법이다. '나에게 이로운 경험을 반복하되, 거기에 강렬한 감정이 수반되면 그 경험이 나를 변화시킨다.' 이 사실을 기억하자.

반복만큼 중요한 게 삶의 마디를 만드는 것이다. 단순한 생활만 반복되면 시간은 더 빨리 흐르고 뇌는 모든 것을 대수롭지 않게 여기며 무엇 하나 구체적으로 기억하지 못한다. 하지만 속도를 줄이고 고요히 자신을 돌아볼 수 있는 시간을 만들면 뇌는 그 일시 정지된 구간에서 활성화되고, 그것은 결국 우리를 더 건강하게 성장하도록 하는 단단한 삶의 마디가 된다. 콰이어트 모닝의 반복은 그 자체로 우리 뇌를 가장 좋은 상태로 이끌어주는 쉽고 간단한 의식인 셈이다.

존 로크가 말했다. "어떠한 사람의 지식도 그 사람이 경험한 것을 초월할 수 없다"라고. 즉, 우리는 우리가 경험한 것을 초월할 수 없는 존재다. 모두가 타고난 바탕 위에 경험을 쌓아가며, 존재를 만들어간다. 이 과정은 죽을 때까지 진행된다. 타고난 것은 바꿀 수 없으니, 그렇다면 우리가 할 수 있는 경험을 통해 바꿔가려고 노력하는 것이 합리적인 생각이다.

매일 콰이어트 모닝을 지키면 뇌에는 아주 강력한 메시지가 전달된다. 매일 지속적으로 반복하고, 작은 성취를 이루는 데서 오는 강한 충족감이 연결을 강화하며, 변화 엔진을 발동시킨다. 이때 변화의 속도는 개인마다 다른데, 누군가는 아주 빠르게 새로운 경험과 감정을 받아들이는 반면 누군가는 튕겨낸다. 자기 합리화, 자기변명, 지나친 자의식의 발동이 변화에 제동을 걸어서 그렇다.

그러나 이 지점에서 물러서면 안 된다. 앞서 챕터 2에서 홀로 침묵 속에 머무는 시간이 메타인지를 키워준다고 말한 바 있다. 그 힘이 길러질 때까지 진득하게 지속해가야 한다. 톨스토이가 말했던 것처럼 "천재는 인내자다". 중간에서 멈추지 말고 성공할 때까지 계속하자. 메타인지가 향상되면 자기 자신을 깎아내리지도 과대평가하지도 않고, 있는 그대로 보는 힘이 생긴다. 있는 그대로 보기 위해서는 부정적인 생각, 오해, 편견, 무기력 등을 품은 채로 굳게 닫아놓았던 마음의 문을 활짝 열어야 한다. 마음속 주인인 자기 자신이 스스로 그 문을 열지 않으면, 무엇도 안에 들여보낼 수 없다. 문을 열어야 나쁜 것이 나가고 좋은 것이 들어올 수 있다.

새로운 시도가 좌절될 때마다 금세 '그럼 그렇지. 나는 원래 뭘 꾸준히 못하는 사람이야' 하고 포기했다면, 그 거짓된 생각부터 물리쳐라. 당신의 뇌는, 당신은 얼마든 변화할 수 있다. 매일의 경험과 감정을 관리하면 가능하다.

스트레스를 다스리는 아침

2022년 통계에 따르면 우리나라 성인 중 절반 가까이가 거의 매일 스트레스를 받으며, 직장생활 때문에 스트레스를 받는다는 성인은 62퍼센트에 이른다. 당신의 하루를 가만 떠올려보라. 눈 뜨자마자 스트레스를 느끼며 찌뿌둥하게 일어나서, 하루를 마치고 잠드는 순간에서조차 스트레스를 끌어안고 잠들지는 않는가? 쉬려고 떠난 휴가지에서조차 스트레스에서 자유롭지 못한 사람도 많을 것이다.

그런데 현명한 선택을 통해 유능하고 행복한 삶을 건설해가고 싶다면, 스트레스를 잘 다스려야만 한다. 스트레스를 다스리는 능력은 거저 주어지지 않는다. 본능을 거스르는 훈련으로만 습득할 수 있다. 고요한 시간을 통해 내가 획득하고 싶었던 것이 바로 스트레스를 다스리는 능력이다. 정신적 압박감 때문에 인생의 향방을 바꿀지 모르는 결정들을 잘못 내리고 싶지 않았기 때문이다.

살아 있는 모든 생명체는 스트레스에서 자유롭지 못하다. 스트레스는 생존 위협에 대한 반응이기 때문에, 약간의 스트레스는 생존에 도움을 준다. 문제는 우리의 뇌가 실제 위협과 뇌가 감지한 위협을 구분하는 데 서툴다는 데 있다. 생명을 위협

하지 않는 상황에서까지 스트레스가 발동하면, 일상이 스트레스에 잠식되어버린다. 그러면 어떤 일이 일어나는가? 생존 본능은 필연적으로 급한 판단을 낳는다. 아주 오래전 맹수를 비롯해 온갖 위험으로부터 자신을 지켜야 했기에 본능이 그렇게 프로그래밍되었다. 그러나 오늘날에는 그럴 일이 그다지 많지 않다. 오히려 차분하게 복합적으로 사고한 후 최선의 결정을 내려야 하는 일이 대다수다. 그런데도 과도한 스트레스 탓에 사고와 행동이 단순화되어 모든 선택지를 제대로 검토하지 못하고, 결정이 불러올 결과에 대해서도 주의 깊게 평가하지 못한다. 우리가 가장 피해야 할 상황이 되어버리고 마는 것이다.

본능이 일렁이는 파도 같은 것이라면, 우리는 훈련을 통해 서핑 보드에 올라 그 파도 위를 유영할 수 있어야 한다. 우리가 스트레스를 받으면 뇌의 해마가 브레이크를 걸기 위해 작동하는데 이때 해마뿐만 아니라 이마 바로 뒤편에 있는 이마엽도 스트레스 반응을 억제한다. 이마엽은 우리가 스트레스를 받는 동안 정서적으로 과도한 반응을 보이거나 비이성적으로 활동하지 않도록 막는 데 핵심 역할을 한다. 특히 이마엽 중 앞이마엽이 충동을 억누르는 능력, 추상적이고 분석적으로 사고하는 능력을 관장한다.

우리가 해야 하는 훈련은 본능적으로 떠오르는 생각으로부터 거리를 두는 것이다. 앞서 우리나라 성인이 직장에서 가장 많은 스트레스를 받는다고 했다. 예를 들어 다음과 같은 상황이라고 하자. 아침에 출근했는데 직장 상사가 유독 기분이 안 좋아 보인다. 과도한 스트레스 반응은 이런 것이다. '내가 뭘 잘못한 게 틀림없어. 어제 내가 제출한 보고서 때문인가? 난 정말 형편없는 인간이야. 이러다 잘리면 어쩌지.' 반면 스트레스가 느껴질 때 이를 잘 통제하는 사람은 이렇게 반응할 것이다. '누구나 기분이 안 좋을 때가 있지. 무슨 일이 있나 보다.' 이것이 이마엽을 활성화시켜 스트레스를 줄이고, 차분한 판단이 가능하도록 돕는 패턴이다.

물론 정말 나의 보고서로 인해 상사가 기분이 안 좋은 것일 수도 있지만, 그렇다 해도 과도한 스트레스는 문제 해결에 아무런 도움도 되지 않는다. 건설적이고 효율적인 방향으로 문제를 바라보는 것이 상대방뿐만 아니라 나에게도 이로운 자세다. 사업을 하다 보면 재정이나 급박한 외부 환경 등 다급하게 목을 죄어오는 상황 때문에 성급한 선택을 내리기가 쉽다. 그러나 이럴 때일수록 '내가 너무 여유를 부리나' 싶을 정도로 충분한 시간을 들여 숙고해야 한다. 내 손 안의 선택지를 모두 검토해야 한다.

뇌가 당신을 다스리는 것이 아니고, 당신이 뇌를 다스릴 수 있다. 혹자는 뇌가 도자기가 아니라 무른 지점토와 같다고 비유했다. 우리가 믿는 가능성의 크기대로, 빚고 싶은 모양대로 얼마든 빚을 수 있다는 것이다. 삶이 당신을 이끌고 가게 하지 말고, 뇌를 잘 다스려서 당신이 삶을 이끌어가게 하라. 그러려면 떠오르는 대로 아무 생각이나 받아들이고, 별다른 의미 없는 경험으로 일상을 채워서는 안 된다. 좋은 시간에, 좋은 에너지로, 좋은 감정 상태에서 생각하고, 이 생각들로 당신의 인생을 충만하게 만들어가야 한다. 좋은 생각을 쌓음으로써 좋은 인생을 만들어가는 습관이 바로 콰이어트 모닝이다. 간디가 말했듯 그 습관이 당신의 가치가 되고, 그 가치가 당신의 운명이 된다.

10

올바른
언어 사용법

대충 살기에는 너무 경이로운 삶

미국의 심리학자 윌리엄 제임스는 "인생은 생각의 결과"라고 말했다. 그는 내적 언어로 마음을 변화시킴으로써 인간이 변화할 수 있다고 보았는데, 이것이 신경 언어학 프로그래밍NLP, Neuro Linguistic Programming 분야의 핵심 내용이다. NLP는 20세기에 개발된 실용심리학 분야 중 하나로, 내가 NLP에 큰 호기심을 갖게 된 계기는 『네 안에 잠든 거인을 깨워라』를 읽고 부터였다.

세계적인 동기부여 전문가이기도 한 토니 로빈스는 NLP 이론을 바탕으로 누구나 긍정적인 내적 언어를 활용해 자기 안에 잠들어 있는 엄청난 잠재력을 계발시킬 수 있다고 보았다. 마음속에서 확장하고 발전시키고 싶은 부분은 즐거움의 내적 언어와 연결시키고, 버리고 고쳐야 할 부분은 고통의 내적 언어와 연결시켜서 자기 안에 잠들어 있는 거인을 깨워 나가라는 게 핵심이다. 나는 나 자신을 위해서, 그리고 길을 헤매는 다른 이들을 돕기 위해서도 마음을 잘 다스리는 정공법을 꼭 터득하고 싶었다.

이 이론을 직접 적용해 실천함으로써 나는 어떤 자극이 주어졌을 때 즉각 반응하지 않고 약간의 틈을 가질 수 있게 되었다. 외부 자극에 바로 반응하지 않고 잠시 머뭇거리며 선택할 수 있는 내면의 힘을 지닌다는 것은 그러지 않을 때와는 완전히 다른 삶의 파동을 만들어낸다. 분노가 일어나는 상황, 어려운 과제를 맞닥뜨렸을 때나 불편함을 감수해야 하는 상황에서도, 자극과 반응 사이를 지연시키는 훈련이 긍정적인 행동을 유도하는 데 큰 도움을 준다. 누구나 그렇게 할 수 있는 내면의 힘이 있다. 그 힘을 깨우느냐 안 깨우느냐의 차이다.

정신건강의학과 전문의 오은영 박사가 말하길, 부모가 사람이 많은 곳에서는 화를 참고 아이와 단둘이 있을 때는 화를 참지 못하는 것은 그 사람 안에 화를 참아낼 능력이 있음을 보여주는 단서라고 했다. 단지 보는 눈이 많으면 자극이 와도 반응을 통제해서 참아내고, 그게 아닐 때는 참지 않고 바로 반응을 하는 것이 차이일 뿐이라는 얘기다. 육아뿐만 아니라 인생 전체에 적용할 수 있는 대목이다. 우리 안에 능력이 없어서 못 하는 게 아니라, 그럴 의지가 없기 때문에 안 하는 일들을 생각해보자. 자극에 바로 반응하지 않겠다, 대신 잠깐이라도 생각해서 나와 다른 사람에게 이로운 쪽으로 반응하겠다는 결단만으로 다르게 행동할 수 있다.

쉽지 않다. 그럼에도 이 훈련을 계속 이어갈 수 있으려면 스스로 목적을 분명히 알아야 한다. 그 목적이 동기가 꺼지지 않도록 해줄 것이기 때문이다. 왜 되는대로 살지 않고 절제하고 인내해야 하는가? 거기에 대한 당신의 답은 무엇인가?

2015년 UC 산타크루스에서 애플, 마이크로소프트, 휴렛팩커드 등을 코칭한 NLP의 대가 로버트 딜츠에게 연수를 받을 때, 나는 태평양 바다가 한눈에 보이는 기숙사에 머물렀다. 매일 아침 창밖으로 해가 뜨던 그 아름다운 광경을 잊을 수 없는데, 유독 기억에 남는 날이 있다. 그날도 이 세상에 나만 홀로 깨어 있는 듯한 고요한 아침이었다. 어김없이 아침 일찍 일어나 홀로 시간을 보내고 있는데, 문득 지난날 행복했고 가슴 벅찼던 순간들이 파노라마처럼 눈앞에 펼쳐졌다. 영화 〈아마겟돈〉에서 주인공 스템퍼가 자기 목숨을 걸고 지구를 향해 달려드는 소행성을 폭파하기 직전, 딸아이와 함께한 행복했던 순간들이 아주 빠르게 스쳐지나갔던 것처럼 말이다. 지금껏 한 번도 느껴보지 못한 경이로움에 가슴이 벅차 오른 나는 두 손을 가만히 모으고 감사해했다. 매순간 일상의 조각조각이 모여 귀하고 경이로운 삶이 완성된다는 사실이 가슴에 콱 박혀왔다. 모르는 사실이 아니었지만, 홀로 타지에 와 마음 다루기를 집중해 배우고 있어서인지, 또 산타크루스의 아침이 너무 아름다워서였는지, 생이 더욱 소중하게 느껴지면서 마음을 잘 가꿔 더 잘 살아야겠다는 의지가 생겨났다. 그리고 이 마음은 곧 나뿐만 아니라 다른 사람들도 이렇게 살길 바라는 마음으로 이어졌다.

콰이어트 모닝은 나에게 주어진 하루에 대한 존중의 표현이다. 귀한 손님에게 푸대접하는 사람은 없다. 당연하게 보았던 것을 당연하게 바라보지 않을 때, 모든 것은 기적이 된다. "날마다 허비한 20분이 달맞이꽃에게는 한 생이었구나." 고두현 시인이 쓴 「20분」이라는 시의 한 대목이다. 달맞이꽃은 20분 동안 꽃을 피워서 활짝 핀 지 2초 만에 진다고 한다. 우리가 별 생각 없이 흘려보내는 20분이 어떤 존재에게는 일생인 것이다. 지금 이 순간도 삶은 쉬지 않고 시간이란 강으로 당신의 생명을 흘려보내고 있다. 언제 죽음에 가 닿을지 아무도 알 수 없다. 그러니 오늘 당신에게 찾아온 하루 역시 결코 당연한 것이 아니다.

말, 인생을 운항하는 키

언어는 힘이 세다. 이른 새벽 눈을 떠서 늦은 밤 잠들기 전까지 내가 가장 조심하는 것도 언어다. 입 밖으로 내는 말이든 내면에서 나 혼자 하는 생각이든, 나는 되도록 부정적인 언어는 쓰지 않으려 하고 남이 하는 부정적인 언어를 보고 듣는 것도 조심한다. 마르틴 하이데거는 "언어는 존재의 집"이라고 했다. 서점가에 언제나 '말'에 관한 책이 쏟아지고 베스트셀러로 오르는 것도 우리가 살면서 가장 많이 하는 것이 말이며, 그 말을 어떻게 쓰느냐에 따라 우리 존재가 달라질 수 있기 때문이다.

20대 초반, 피아노를 전공했던 친구가 나에게 한 말이 인상 깊게 남았다. "자주 듣는 음악이 그 사람의 운명을 결정한대." 그러고 보니 나도 가사가 슬픈 발라드 음악만 주구장창 들었던 시절, 차분하다 못해 마음이 푹 가라앉는 듯한 기분이 한동안 지속된 적이 있다. 우리가 자주 쓰는 언어도 이와 비슷하다. 우리가 하루 중 가장 많이 쓰는 언어가 하루의 분위기를 좌우하고, 결국 인생 전체의 분위기를 만들어간다.

부정적인 말과 생각의 가장 무서운 점은 처음에는 반감이 들더라도 그게 계속되면 어느새 익숙해진다는 데 있다. 부정적인 언어는 부정적인 언어를 불러오는데, 이 패턴이 굳어지면 습관이 되어 자기도 모르게 부정적인 자극을 끌어당기게 된다. 뇌는 좋은 것보다 익숙한 것을 택하는 경향이 있기 때문이다. 습관적으로 먹었던 사람은 다이어트에 성공한 이후에도 폭식을 끊기 어렵고, 화를 잘 내던 사람은 화를 내지 않기로 굳게 결심해도 어떤 상황이 오면 다시 욱하게 되는 것도 이런 뇌의 성향과 관련이 있다. 익숙한 것을 택하려는 뇌의 신호를 끊어내려면 부단히 연습하는 수밖에 없다.

당신이 자주 써서 익숙해져버린 언어는 어떤 것인가? 별일도 아닌데 걱정스러운 표정을 지으며 "큰일이다"란 말을 입에 붙이고 사는 대학 동기가 있었다. 그 친구는 자기가 자주 내뱉는 그 말처럼 늘 마음의 여유가 없고 어딘가 불안해 보였다. 매사에 "큰일이야"라고 호들갑을 떠는 사람이 여유롭고 편안한 마음으로 지내기는 아무래도 어렵다. 문제는 나에게서 끝이 아니고, 주변 사람에게까지 부정적인 감정을 전염시킬 수 있다는 것이다. 행복하고 재미있게 살길 바라면서도 타인과 자기 자신에게 하는 언어가 우울하고 부정적이라면 이율배반이다. 하루 중 "힘들다", "피곤하네", "회사 가기 싫다"처럼 우울하고 부정적인 언어를 많이 쓰지는 않는지 스스로를 점검해볼 일이다. 그 말들이 당신의 인생을 부정적으로 이끌고 가도록 놔두고 싶지 않다면.

하버드대 심리학과의 연구에 따르면 성취, 명예, 부를 만드는 요소는 80퍼센트 이상이 감정과 관련이 있고, 지식이나 실력과의 관련성은 15퍼센트에 그친다고 한다. 그래서 하버드대에서는 탁월한 감정 조절 능력을 훈련해 타인을 리드할 수 있도록 하는 구체적인 방법을 필수로 가르친다. 감정을 조절하는 능력이 일, 성공, 일상, 인간관계에까지 중요한 영향을 미친다고 보아서다. 그런데 이 감정을 조절할 수 있는 키가 바로 언어에 있다. 언어는 우리의 사고와 감정을 전달하는 수단일 뿐 아니라 사고와 감정을 유발하는 수단이기도 하기 때문이다.

가려서 듣고, 가려서 말하자는 것이 매일 아침 내가 되뇌는 각오다. 일과 중 신세 한탄이나 남을 비난하는 자리에 있게 되면 가급적 빨리 자리를 뜬다. 그도 안 되면 다른 데 정신을 집중해서 흘려버린다. 이것이 근묵자흑近墨者黑이 되지 않도록 나를 지키는 방법이다. 다행인 것은 부정적인 언어만큼이나 긍정적인 언어에도 위력이 있다는 사실이다. 나는 이 점을 이용해 매일 아침 긍정적인 언어로 스스로를 격려한다. 고요할 때나 분주할 때나 긍정적인 언어를 쓰려고 애쓴다. 현실을 속이기 위해서

도, 정신 승리를 위해서도 아니다. 말의 위력을 너무나 잘 알기
때문이다.

"말은 사람의 입에서 태어났다가 사람의 귀에서 죽는다. 하
지만 어떤 말들은 죽지 않고 사람의 마음속으로 들어가 살아남
는다." 박준의 「운다고 달라지는 일은 아무것도 없겠지만」 중
한 구절이다. 내가 하는 어떤 말이 누군가에게 어떤 영향을 줄
지 알 수 없다. 또 누군가의 말이 나에게 어떤 힘을 떨칠지 모른
다. 말하고 듣는 모든 언어를 신중히 다루어야 하는 이유다.

굳이 검은 늑대를 키우지 마라

긍정적인 말은 눈덩이 같다. 작은 긍정의 말 한마디가 생각,
감정, 행동, 나아가 대인관계까지 영향을 주고, 결국 운명까지
바꾸는 커다란 눈덩이가 된다.

무턱대고 아무 좋은 말이나 하라는 게 아니다. 그렇게 하면
인위적이고 와 닿지도 않는다. 이루고 싶은 꿈을 토대로, 확신
을 갖고 말하는 게 중요하다. 내가 20대 때 자주 긍정적인 말을
떠들고 다니니까 주위 사람들이 말했다. "넌 너무 이상적이야."
"만날 무슨 뜬구름 잡는 소리야?" 뜬구름은 공상, 망상인데, 이

상은 이것들과는 다르다. 자기가 말한 이상을 현실로 만들기 위해 매일 노력하며 한 걸음씩 성장해가는 사람은 공상가나 망상가가 아니다. 허언을 말하는 허풍쟁이도 아니다. 허풍쟁이는 자신이 하는 말인데도 진심으로는 그 말의 실현 가능성을 믿지 않기 때문에 아무런 변화도 불러오지 못한다. 하지만 긍정적으로 말하고, 그 말을 실현하기 위해 날마다 성장하는 사람은 결국 긍정의 현실을 당겨오게 되어 있다.

인디언 체로키 족에서 전해 내려오는 「늑대 이야기」를 한번쯤은 들어봤을 것이다. 추장 할아버지가 손주에게 이야기한다. "모든 사람의 마음속에는 검은 늑대와 하얀 늑대가 살고 있단다. 검은 늑대는 나쁜 늑대야. 화, 질투, 슬픔, 후회, 욕심, 오만, 자기연민, 죄책, 억울함, 열등, 분노, 거짓, 헛된 자존심과 우월감으로 똘똘 뭉쳐 있지. 반면 하얀 늑대는 기쁨, 평화, 사랑, 희망, 평온, 겸손, 친절과 자비, 공감, 너그러움, 진실, 연민을 가진 착한 늑대야. 이 늑대들은 우리 마음 안에서 끊임없이 싸우지." 아이가 추장에게 어떤 늑대가 이기느냐고 묻자, 그는 이렇게 답한다. "그야 네가 먹이를 주는 쪽이 이기지."

진실로 그렇다. 우리가 마음속 어느 늑대에게 매일 먹이를 주느냐에 따라 검은 늑대가 이길지 하얀 늑대가 이길지 판가름 난다. 이때 먹이가 바로 언어다.

우리가 긍정적인 영향력을 퍼뜨리는 언어를 내놓느냐 부정적인 영향력을 퍼뜨리는 언어를 내놓느냐에 따라 세상이 하얀 늑대로 가득찰지 검은 늑대로 가득찰지 결정될 것이다. 이미 세상은 의도했든 안 했든 검은 늑대를 키워가고 있는 무리로 가득하다. 굳이 검은 늑대를 더 키우는 일에 인생을 바칠 필요가 뭐 있는가?

대학 3학년 때 자퇴 후 연이은 창업 실패로 개인 회생까지 거친 K는 다시 사회에 진입하기가 두려워 구직을 포기한 채 방황하며 보냈다. 이 시기에 입이 거친 친구들과 어울려 놀다 보니 자기도 모르는 사이 거친 말을 쓰게 되고 행동도 거칠어졌다. 나는 K에게 거칠고 부정적인 말 대신 긍정적인 말을 사용하는 연습부터 해보자고 권유했다. 그게 2022년 여름이었다. 이후 그는 의도적으로 언행을 조심했고, 지금은 교육업에 종사하면서 예전보다 만족스러운 생활을 이어가고 있다. 언어는 생각을 담는 그릇이다. 그러나 단순히 담는 것에 그치지 않고 생각에 영향을 주고, 생각에 영향을 받는 역동적인 그릇이다.

그러니 "짜증 나", "이번 생은 망했어" 같이 지금껏 일상적으로 내뱉었던 부정적인 말이 입 밖으로 나오려 할 때 그냥 하면 안 된다. 멈추어야 한다. 말이 나오려는 걸 꾹 참고, 손을 살며시 입술에 올려 쉿 하는 시늉을 즉시 해보자. 이어 30초간 심

호흡을 한다. 그렇게 그 말을 내뱉고 싶은 순간을 흘려보내면 된다. 오은영 박사도 욱 하는 감정에 자녀에게 막말이 나오려 할 때 즉시 입술을 지그시 깨물고 30초만 참으면, 그 감정이 사그라지는 걸 경험할 수 있다고 했다. 이 모두가 자극이 왔을 때 즉시 반응하지 않고 다른 행동을 함으로써 텀을 두는 것이다. 부정적인 감정이 일어나는 건 자연스럽지만, 그 감정에 너무 오래 매여 있는 것은 문제다. 어쩌다 툭 나오는 부정적인 말은 큰 문제가 되지 않지만 하는 말 대부분이 부정적이라면 반드시 고쳐야 한다.

11

생각을 현실로
만드는 방법

상상력의 놀라운 힘

앞서 챕터 1에서 잠깐 우리 뇌의 망상 활성계, 즉 RAS에 대해 언급했다. 우리 뇌의 용량에는 한계가 있어서 처음에 들어온 정보는 단기기억에 머물다가, 그 중요도에 따라 장기기억으로 저장해야 할 것과 삭제해야 할 것으로 분류한다. 이 망상 활성계가 필터가 되어 '내 일, 내 생활, 내 목표에 유익하다'라고 판단되는 정보가 아니면 뇌 용량 보호를 위해 기억에서 지워버린다. 우리의 신념에 맞는 것만 남고 나머지는 필터링되는 것이다.

망상 활성계는 이처럼 우리의 신념 체계를 제어해서 결국 내가 믿기로 선택한 것에 이르도록 돕는다. 같은 상황을 누구는 실패로, 누구는 성공으로 가는 과정으로 해석하는 것도 이 망상 활성계가 다르게 작동되어서다. 우리가 어떤 신념을 택하느냐에 따라 삶에 찾아오는 사건들에 대한 해석이 달라지고, 그 같은 해석의 차이가 인생의 향방을 가른다. 그래서 망상 활성계가 무엇인지 이해하고 신념의 기준을 세우는 것이 무척 중요하다.

얼마 전 상담한 청소년이 최근 이성 친구와 헤어지고 나서 마음이 너무 괴로워서 학업과 일상생활도 잘하지 못하고 있다고 했다. 일방적으로 그만 교제하자고 한 이성 친구가 밉기도 하지만 너무 그립다고 호소했다. 우리가 사랑에 빠지는 과정을 거슬러 가보자. 어떤 이를 보고 호감을 느낀다. 대부분은 여기서 그다음 단계로 넘어가지 못하고 그 사람을 보는 빈도가 낮아지면 잊거나, 대상이 다른 사람으로 대체된다. 우리가 누군가와 사랑에 빠지는 것은 뇌 차원에서 보자면 망상 활성계에 반복적으로 그 사람이 입력되어 그 사람 말고 다른 모든 것을 뇌가 거르면서부터 시작된다. 우리가 사랑에 빠지면 그 사람만 떠오르고 그 사람과 관련된 일들만 생각하게 되는 이유는 그가 망상 활성계에 가장 중요하고 의미 있는 사람으로 각인되었기 때문이다.

반면 망상 활성계는 선호도가 없다. 지나간 사랑을 가장 빨리 잊는 방법은 새로운 사랑을 시작하는 것이라고 하는데, 그 말은 과학적으로 일리가 있다. 새로운 사람이 망상 활성계에 각인되면 다시 세상은 그 사람 중심으로 보이기 시작하기 때문이다. 우리가 운명이라 믿는 것, 우리가 어쩔 수 없다고 믿는 사랑조차 통제할 수 있다. 의지를 불태우는 것과 뇌의 작동 원리를 이해함으로써 가능하다. 이 사실을 받아들이는 것이 아주 중요하다. 사랑 말고 꿈과 목표, 사업적 관계로 확대해 생각해보자. 이루길 원하는 목표가 있다면, 그 목표를 구체적인 시각화를 통해 뇌에 각인시키면 된다. 망상 활성계의 존재를 이용해 생각을 현실로 가져오는 것이다.

나는 매일 새벽 4시에서 7시 사이에 초고도로 집중하며 뇌에 중요한 목표들을 각인시킨다. 하루 동안 많은 사람을 만나고 여러 가지 일을 처리하는 동안, 나의 신념과 목표에 부합하는 정보가 뇌에 각인될 수 있도록 밑작업을 하는 것이다. 우리에게 주어진 시간은 한정되어 있다. 무언가를 위해 시간을 쓰는 것은 그것에 우리 생명을 투여하는 것과 같다. 그렇게 생각하면 하루하루의 무게가, 내가 하는 일의 무게가 다르게 느껴지지 않는가? 나의 생명을 투자해서 열심히 달렸는데, 막상 도착해보니 내가 원했던 곳이 아니라면 그것만큼 안타까운 일이 없다. 우리가 인생을 살 때 보다 스마트하고 전략적인 태세를 갖춰야 하는 이유다.

인간의 뇌는 복잡하지만 한편으론 단순하게 작동한다. 자주 대하고, 자주 보고, 자주 소통하면 친밀해지는 반면, 그럴 기회가 없으면 서서히 멀어진다. 우리 목표도 그렇다. 우리가 원하는 목표를 자주 구체적으로 그려보면서 가까워져야 한다. 하나 묻겠다. 당신이 인생에서 원하는 것은 무엇인가? 얼핏 들으면 답하기 쉬운 질문인 것 같다. 당신은 무엇이 성공이라고 생각하는가? 어떤 경험을 하고 싶은가? 어떤 자산을 얼마나 쌓고 싶은가? 생각만 해도 가슴 뛰는 것이 있는가? 내가 만난 사람들 대다수가 우물쭈물 대답하지 못했다. 막상 자기가 원하는 것이 무엇인지 결정하지 않은 채로 살아가고 있기 때문이다. 원하는 것이 무엇인지 결정하지 못했으니, 성취감을 느끼지도 못한다. 악순환이다.

머릿속에 그려지지 않은 일이 실제로 일어날 확률은 높지 않다. 건축물을 지어 올릴 때도 설계도를 먼저 그려야 하고, 사업 프로젝트를 진행할 때도 계획을 미리 세워야만 한다. 근사한 인생을 살고 싶다면, 먼저 그 인생을 머릿속에 그려야 한다. 우리는 지금 눈에 보이는 것들이 눈에 보이지 않는 정신 단계에서 시작해 세상에 나오게 된 것임을 직감적으로 안다. 그러면서도 왜 자기 삶에는 그 명백한 진리를 적용하지 않는가?

무엇을 원할지부터 결정하라

첫째 아이는 초등학교 입학 후 부쩍 숫자에 관심이 많아졌다. 특정 물건이나 건물을 가리키며 가격을 묻는데, 나는 알고 있는 그대로 이야기해준다. 이불 개기나 청소, 심부름을 해서 몇 백 원씩 용돈을 받는 아이는 가격을 듣고는 너무 비싸다고 눈을 동그랗게 뜬다. 그러고는 돈을 얼마나 모아야 그만큼 큰돈이 생기는지 대강 계산해보고는 좌절한다.

나는 아이에게 열심히 하는 것도 중요하지만, 돈을 벌려면 잘하는 것이 중요하다고 이야기한다. 짐짓 무심한 척 건네는 그 이야기가 아이 가슴에 새겨지길 바라며 말이다. 노력의 가치를 모르고 하는 소리는 아니다. 그러나 우리가 어떤 일을 하건 결과가 어느 정도 좋아야 신이 난다. 그렇지 않은가? 성과가 어느 정도 있어야 재미가 붙어서 더 열심히 하게 된다. 하지만 열심히 했는데 결과가 형편없으면 어떤가? 오래 지속하기가 힘들다. 이게 현실이다. 따라서 무언가를 계속 해가고 싶다면, 일단 잘하려고 노력해야 한다.

그렇다면 잘하려면 어떻게 해야 하는가? 본격적으로 뛰어들기 전에 구조와 전략을 짜는 데 충분한 시간을 들이는 게 필요하다. 나는 이 사실을 사업을 하면서 몸소 깨달았다. 사업은 불확실성이 높아서, 애초에 이길 수밖에 없는 판을 짠다는 각오로 치열하게 준비해야 한다. 돈이 벌리는 구조를 설계해놓지 않으면 열심히 일만 하다 방전되어 결국 나가떨어지기가 쉽다.

L 사장은 지인에게 수천만 원의 빚을 내 모 대학 인근의 딜리버리 샵을 인수받아 매일매일 최선을 다해 일하고 있었다. 문제는 주변에 경쟁 점포가 너무 많고, 상권 구조상 지금보다 매출을 더 올릴 방법을 찾기가 힘들다는 점이었다. 가게는 이미 한계 상황에 도달한 듯했다. 가게에서 숙식을 해결하고 하루도 쉬지 않고 한 달 내내 일해서 버는 순이익은 300~400만 원 정도였다. L 사장은 이 돈도 누군가에게는 큰돈일 수 있지만, 업무 강도에 비해서는 형편없고 앞으로 성장 가능성도 별로 없다며 한숨을 내쉬었다.

한편 다른 프랜차이즈 지점들은 신규 점포임에도 L 사장이 운영하는 점포보다 두 배 이상 매출을 올리고 있었다. 나는 이런 구조를 계속 유지하면 상황이 더 어려워질 테니 전략적 매각을 하거나 오히려 사업 확장을 해서 규모의 경제를 추구하라고 제안했다. 처음부터 상권을 면밀히 파악해서 아이템을 잡았다면 더 좋았을 텐데, 깊은 고민 없이 시작해서 발이 묶여버린 경우라 할 수 있다.

사업체 경영도 이러한데, 그보다 중요한 인생을 우리는 어떤 태도로 대하는가? 대부분 제대로 생각하지 않고 되는대로 살아간다. 하루하루가 바쁘고 여유가 없어서다. 하지만 사업에 성공하기 위해서 이기는 판을 미리 짜고 들어간다는 각오로 다각도에서 심도 깊은 고민을 선행해야 하듯, 인생도 그렇다. 인생이라는 긴 여정에서 성공하기 위해 충분한 시간이 필요하다.

스물여덟 살에 옥스퍼드대 철학과 교수가 된 윌 맥어스킬은 『타이탄의 도구들』에서 우리가 살면서 4천 시간은 생각해야 한다고 말했다. "우리가 저녁 식사에 통상 두 시간이 걸리고, 그중 어느 식당을 갈지 결정하는 데 5분쯤 쓴다고 해보자. 나머지 95퍼센트의 시간을 어떻게 쓸지 생각하는 데 5퍼센트의 시간을 할애하는 건 합리적으로 보인다. 우리가 평생 일하는 시간이 약 8만 시간이라고 하는데, 이를 적용하면 자기가 할 일과 삶의 목적을 생각하는 데 4천 시간은 써야 타당하다. 그러나 대개는 이런저런 생각 사이를 오가며 시간을 흘려보낸다. 자기 삶의 궁극적 목적, 목표를 향해 나아갈 수 있는 최적의 방법 같은 것보다 당장 학교 과제에서 높은 점수를 받는 법만 골몰한다. 4천 시간, 즉 2년의 시간을 앞으로 어떻게 살아갈지 생각하는 데 쓰는 사람은 분명 그렇지 않은 사람보다 뭔가 의미 있는 삶을 만들어낼 것이다."

앞서 눈에 보이는 것들은 결국 눈에 보이지 않는 정신 단계에서 시작해 세상에 나오게 된 것이라고 했다. 먼저 정신에 이루고자 하는 목표, 바라는 인생상을 생생히 떠올리는 것부터 시작하자. 신체적, 심리적, 경제적, 사회적, 영적 영역에서 당신이 이루고 싶은 장단기 목표는 무엇인가? 심리적, 사회적, 영적 영역이 다소 이상적이고 모호하게 느껴져서 어렵다면, 우선 보다 구체적으로 떠올리기 쉬운 경제적 목표부터 세워보자.

참고로 내가 향후 5년 안에 이루고 싶은 경제적 목표는 아래와 같다.

(1) 무리하고 애쓰지 않아도 매달 필요한 생활비 이상의 현금 흐름이 발생하는 구조.

애쓰고 무리하지 않아도 한 달에 필요한 금액 이상의 자금이 흘러들어오는 시스템을 구축하는 일은 하루아침에 되지 않는다. 제법 긴 시간을 두고 근로소득, 사업소득, 투자소득의 황금비율을 찾아 나가야 한다. 대개 이런 시스템은 초반에 지속적인 투자, 끈기, 인내를 요구한다. 시간이 지나 계획대로 잘 이뤄지면, 돈을 벌려고 일하는 단계에서 하고 싶어서 일을 하는 단계로 스테이지 이동이 일어난다. 돈 때문에 억지로 일을 하고 있다면, 그 상황에서 하루빨리 벗어나는 것이 성공으로 가는 첫

걸음이다. 당장 그만두라는 게 아니라 마음가짐을 바꿔야 한다는 말이다. 나 역시 돈을 벌기 위해 강의를 나가고 코칭을 하고 포럼과 외국어교육원을 운영하는 것이 아니라, 그저 그 일이 너무 좋아서 지속하는 상태로 나아가기를 원한다.

(2) 편안하고 안락하며 영감을 주는 집. 아파트 말고 직접 지은 정원이 있는 아름다운 주택.

우리에게 집은 각별한 공간이다. 집은 휴식과 창조의 근원지이자 세상으로부터 나를 지키는 안식처이고 고독과 평화, 충만한 행복을 느낄 수 있는 물리적 공간이다. 육체는 환경의 영향을 많이 받는다. 영감을 주는 뷰와 쾌적하고 정갈한 환경을 중요하게 생각하는 나는 집에 관심이 많아 20~30대에 세계 곳곳의 숙소들을 유심히 보곤 했다. 그중 미국 서부의 산타모니카 해변에 있는 프라이빗 빌라에서 머물렀던 일주일은 아직도 기억이 생생하다. 빌라 뒤쪽으로 울창한 숲이 있고 집 안에서는 창가를 통해 언덕이 내려다보이는, 늦은 오후가 되면 푸른 태평양 위로 금빛 햇살이 고요히 쏟아지는 광경을 볼 수 있는 곳이었다. 내가 훗날 살고 싶은 집도 이렇게 아름다운 자연에 둘러싸여 있으며 손수 가꾼 멋진 정원이 있는 주택이다.

(3) 자산의 3퍼센트 이내에 해당하는, 장인 정신이 집약된 세단 자동차.

운전을 하는 사람이라면 자동차는 우리 삶에서 집 다음으로 중요한 공간이라고 할 수 있다. 자동차 교체 주기가 짧아졌다고 하지만, 그래도 한번 사면 5~7년 정도는 일상의 많은 순간을 함께한다. 나 역시 자동차에서 보내는 시간이 많으므로 그 시간을 의미 있게 쓰려고 노력하는 편이다. 이를테면 나는 자동차를 몰고 장거리 출장을 떠나는 걸 즐긴다. 차 안에서 홀로 조용한 음악을 듣거나 오디오북을 들으며 천천히 운전을 하면 생각이 정리된다. 차 안에서 갖는 콰이어트 타임인 셈이다. 금전적으로 무리하는 게 아니라면 최첨단 기술과 장인 정신이 집약된 고급 차를 타는 것에 대해 나는 기꺼이 찬사를 보낸다. 감가상각을 고려했을 때, 개인적으로는 총 자산의 3퍼센트 내외에 해당하는 차를 보유해 타는 것이 마땅하다고 생각한다.

나는 평소에 이상을 많이 드러내며 살아가지만, 이처럼 경제적 자유를 위한 구체적인 목표도 가지고 있다. 이것은 건강한 경제적 욕구다. 나와 내가 아끼고 사랑하는 사람들에게 아등바등 힘겨운 삶이 아니라 물질적으로도 풍요롭고 여유로운 삶을 살게 하고 싶다.

나는 매일 아침 일어나 내가 원하는 신체적, 심리적, 경제적, 사회적, 영적 목표를 생생히 떠올린다. 내가 하고 있는 사업이 성공하는 모습을 구체적으로 그려본다. 내가 머물고 싶은 집의 정원을 가로질러 현관으로 들어서본다. 집의 향기를 느끼고 온기를 더듬는다. 내가 오르고 싶은 운전석의 모습을 생생히 떠올린다. 액셀러레이터를 밟을 때의 느낌과 운전석 너머로 보이는 경치, 잔잔한 클래식 음악이 온몸을 감싸는 풍경도 상상한다.

나는 이상주의자이지만, 철저히 그 이상을 현실에 구현해내는 연금술사이길 원하기 때문에 매일 아침 내가 바라는 것을 명상을 통해 시각화한다. 좋아하는 영화를 보듯 내가 바라고 원하는 미래를 영화로 만든다 생각하고, 마음속에서 짧게라도 영화 상영회를 연다. 강연이 잡힌 날 아침에는 강연이 아주 성공적으로 끝나서 많은 사람이 내게 고마움을 표하는 모습을 상상한다. 비즈니스 미팅이나 사업 발표가 있는 날 아침에는 계약이 원만히 성사되는 과정과 결과를 되도록 생생하게 상상한다. 막연하게 상상의 나래를 펼치는 것이 아니라, 원하고 바라는 모습을 매일 생생히 느낀다. 그렇게 망상 활성계에 내가 원하는 모습을 각인시킨다.

보이지 않는 것을 보고, 없는 것을 있다고 믿은 몇몇 사람들로 인해 이 세상은 진보해왔다. 역사를 바꾼 기적이 모두 한 개인 혹은 집단에서 출발한 것인데도 우리는 인간의 정신세계가 얼마나 위대한지 잘 알지 못한다. 그리고 우리가 그들과 같은 인간이라는 것도 믿지 못한다. 한계를 먼저 정하지 말고, 일단 무엇을 원하고 바랄지 결정하자. 어떻게 할지는 나중 문제다. 어떤 인생을 원하는지 확실히 정하고 그것에 집중하면, 망상 활성계가 그것을 이룰 길을 찾아낼 것이다. 당신의 정신세계는 당신이 생각하는 것보다 위대하다.

12

이기기 위한
연습

겁 없이 도전하는 세 가지 방법

나는 새로운 일을 하기 주저하고 자기를 넘어선 문제는 지레 겁먹고 포기하려 하는 청년들을 보면 무척 안타깝다. 워낙 취업도 창업도 어렵고, 실패 후 재기할 수 있게 해주는 시스템도 미비하다 보니 새로운 도전 앞에 망설이게 되는 심정은 이해가 간다. 그래도 마음을 키워서 용기를 내 도전하면 좋을 텐데 하는 아쉬움은 남는다. 물론 저마다 자라온 환경이 다르고 새롭게 각성하고 도전할 용기를 낼 아무런 계기를 만나지 못했을 수도 있다. 하지만 그런 변명 속에 숨어서 아무것도 하지 않으면 아무 일도 일어나지 않는다. 아니, 부정적인 영향력에 관성의 힘이 더해져 삶이 점점 좋지 않은 방향으로 흐른다. 나 역시 몇 번을 권유해도 안 되면 더 이상 강권하기 힘들다. 어차피 인생에는 누가 해줄 수 없는 각자의 몫이란 게 있으니까.

도전이라는 것은 목표를 이루기 위해 겪어야 할 고통, 고생스러움을 감수하겠다는 결단이다. 미국의 네이비씰에서는 저격수가 최악의 상황에서도 최적의 선택을 내리고 자신을 컨트롤하는 법을 터득하도록 극한 환경에서 훈련한다. 그중 하나가 '의도적인 밤새기 훈련'이다. 저격 훈련병은 먹을 것도 못 먹고 잠도 못 잔 상태에서 타깃을 명중시킬 수 있을 때까지 훈련을 거듭한다. 이처럼 최악의 상황에서도 최고의 결과물을 낼 수 있는 사람이 프로다. 누구나 다 하는 수준의 것을 해내는 사람을 우리는 프로라고 하지 않는다. 값진 것은 거저 얻어지지 않는다. 보이지 않는 곳에서 치열하게 준비하고, 사활을 걸고 실행할 수 있는 용기가 있어야 값진 것을 얻을 수 있다. 2022년 카타르 월드컵에서 30여 년 만에 우승을 거머쥔 아르헨티나 선수들이 필드에서 환히 웃는 모습을 보며, 한편으로는 그 자리에 서기까지 얼마나 많은 땀과 눈물을 흘렸겠는가 싶어 마음이 짠했다.

도전하는 것도, 도전해서 성취하는 것도 모두 훈련이다. "당신은 있는 걸 보고 '왜?'냐고 묻지만, 나는 결코 없던 것을 꿈꾸며 '안 될 게 뭐야?'라고 묻는다." 극작가 조지 버나드 쇼가 한 말이다. '안 될 게 뭐야?'라는 태도로, 겁 없이 도전하며 성취해 내는 사람이 될 수 있는 방법을 소개하려 한다.

하나, 얻어맞는 것을 두려워해서는 안 된다. 나는 내가 아는 것, 나의 한계를 시험하는 듯 보이는 벅찬 도전을 기꺼이 수용하고 그 도전의 장에 뛰어드는 편이다. 링 위에 오르면 예상했던 대로 사방에서 수많은 펀치가 날아든다. 그저 그런 것에 도전하면 이런 펀치가 날아들 리 없다. 목표가 훌륭하고 원대할수록, 그에 비해 나의 약점과 한계가 분명할수록 내가 얻어맞는 펀치의 강도도 강하다. 이 모든 것을 견뎌내고 오뚝이처럼 일어나려면 단단한 내공이 있어야 하고, 버티고 버티다 적절한 타이밍에 회심의 카운터펀치를 날리려면 나만의 비장의 무기도 있어야 한다.

이런 내공과 비장의 무기는 결코 하루아침에 주어지지 않는다. 오랜 시간 일관된 마음으로, 일정 시간을 뚜렷한 목적으로 감내하며 수양하는 과정에서만 주어진다. 그래서 나는 매일 아침 시간을 내서 맷집을 키우고 무기를 계발한다. 새롭게 도전했다가 얻어맞기만 하고 아무것도 얻지 못할까 봐 걱정되는가? 그렇다면 스티브 잡스의 다음 말을 마음에 새겨보길 바란다. "그 여정이 바로 보상이다." 도전이 성공하든 안 하든, 그 여정 자체가 보상이 되어줄 것이다. 그렇다면 무조건 그 여정에 뛰어드는 것이 이득 아니겠나.

둘, 원대해 보이는 어떤 일에 도전할 때, 그 목표를 이루기 위해 해야 할 일을 잘게 쪼개라. 그러고 나서 내가 할 수 있는 작은 일들을 하나하나 클리어해가며 원대한 목표에 한 발짝씩 다가가면 된다. 목표가 너무 크게 느껴지면 누구나 그 앞에서 위축되고 주눅 들기 쉽다. 하지만 그 목표를 잘게 나누어 작은 미션들로 만들고 하나씩 해내면, 성취감이 쌓여가고 원대한 목표에 대한 부담감과 압박이 줄어든다.

각 분야에서 탁월한 성과를 낸 이들도 무슨 일을 하건 목표를 낮게 잡기를 권한다. 자기가 반드시 이길 수 있도록 게임의 규칙을 조작할 필요가 있다는 것이다. 예를 들어 '체중 10킬로그램을 감량하자'라고 마음먹으면 목표 달성은 요원하게 느껴진다. 대신 매일 30분씩 빠르게 걷기, 오후 7시 이후에는 금식하기처럼 내가 해낼 수 있는 범위의 목표를 정해 실천해 나가는 거다. 나는 『콰이어트 모닝』 원고를 쓸 때도 이 방법을 활용했다. '책 한 권을 쓰자' 말고 '매일 한 시간씩 콰이어트 모닝에 관한 글을 쓰자'라고 접근했다. 내가 해낼 수 있는 분량으로 쪼개어 매일 기분 좋은 적당한 압박감을 느끼며 꾸준히 작업했기에

40일 만에 초고를 완성할 수 있었다.

셋, 새로운 분야에 도전하고 싶다면, 환경을 바꾸어보자. 일하는 장소를 바꾼다든가, 자주 만나는 사람을 바꿔본다든가, 주로 일하는 시간을 옮겨본다든가 하는 것이다. 환경의 변화가 새로운 도전에 대한 거부감을 낮춰주는 역할을 할 수 있다. 편안함과 아늑함이 주는 안정감 때문에 우리는 가능하면 거기 머물려고 한다. 우리는 본능적으로 익숙함에 안주하고 싶어 한다. 앞서 뇌도 좋은 것보다 익숙한 것을 택한다고 했다. 하지만 좋은 것을 택하고 싶다면, 익숙한 것을 박차고 나와야 한다.

2022년 봄과 가을, 경북 의성에서 스물네 명의 청년이 6주간 머물며 자신을 새롭게 만나는 시간을 가졌다. 낯선 곳에서 낯선 사람들과 함께하는 시간이 그들에게 새로운 꿈을 향한 거부감을 확 줄여주었을 것이 분명하다. 그 기간 동안 만든 사업계획서로 지원금이 수천만 원에서 수억 원대에 이르는 공모전에 당선되어 창업을 성공적으로 시작한 이들도 있었다. 스스로 새로운 도약이 필요하다는 생각이 든다면, 익숙했던 환경에 변화를 주자. 한결 도움이 된다.

언어학에는 근접발달영역Zone Of Proximal Development이라는 개념이 있다. 학습자가 조금만 외부의 도움을 거치면 도달할 수 있는 영역, 즉 현재보다 더 높은 수준으로 발달할 수 있는 영역을 가리킨다. 학습자가 익숙하고 안전하게 느끼는 현재 영역에서 벗어나 낯설고 불편한 다음 단계로 넘어가려면, 두 가지 힘이 동시에 필요하다. 줄탁동시啐啄同時. 알에서 깨어 나오는 힘과 알 밖에서 그 알을 쪼는 두 개의 힘이 딱 맞아들 때 마침내 알이 깨진다는 뜻의 사자성어다. 스스로를 넘어서려는 노력을 해야 함과 동시에, 외부에서 적절한 도움이 있을 때 한 개인이 비로소 한계를 깨고 비약적으로 도약할 수 있다는 것이다.

내가 콰타드림랩을 통해 하고자 하는 것도 바로 이 적절한 외부의 힘 역할을 하는 것인데, 지금 이 책을 읽는 당신에게 『콰이어트 모닝』이 그 힘이 될 수 있다면 더 없이 기쁘겠다. 실패는 당연한 거라고 기꺼이 얻어맞고, 작은 미션으로 나누어 목표를 향해 가고, 안 되면 환경을 바꿔보자.

평생 배우는 사람으로 살 것

영어 공부 좀 해보겠다고 마음먹은 30~40대 중에는 미국 시트콤 〈프렌즈〉를 자막 없이 보겠다고 인상 쓰고 집중하며 본 기억이 있을 테다. 나는 그보다 어려운 레벨인 미국 드라마에 도전한다고 〈웨스트윙〉을 열심히 챙겨 보았다. 〈웨스트윙〉은

1999년부터 2006년까지 미국 NBC에서 방영된 드라마로, 백악관의 대통령 집무실인 오벌 오피스와 보좌관들의 백업 오피스가 위치한 웨스트윙에서 벌어지는 일들을 다뤘다. 완성도가 아주 높아 4년 연속 에미상을 받은 〈웨스트윙〉에는 명장면도 많다. 그중 내가 가장 인상 깊었던 장면은 이거다.

유권자의 사랑과 관심을 한몸에 받고 마침내 미합중국 대통령이 된 주인공은 자신을 지지해준 유권자의 사업적 이득에 반하는 정책을 실시하게 된다. 이로 인해 지지자들이 경제적인 타격을 입는다. 유권자들은 한 간담회에서 대통령에게 따져 묻는다. "어떻게 당신이 우리를 배신할 수 있죠?" 대통령은 담담하게 응수한다. "여러분은 모두 나에게 속았습니다." 그러면서 그는 소수의 이익을 위하는 대통령이 아닌, 더 큰 선과 취약계층의 이익까지 고려해 결정을 내리는 대통령이 되는 것이 옳다는 신념을 피력한다. 진정한 리더는 어떤 상황에서도 흔들리지 않는 자기만의 신념과 철학이 있어야 하고, 이를 설득할 수 있어야 함을 보여주는 장면이다. 그러려면 먼저 내적으로 자신이 중시하는 가치들이 명확하게 정리되어 있어야 한다. 종이를 펴서 내가 가장 중요하게 여기는 원칙들을 적어 내려가보자. 평소 우선순위가 잘 정리되어 있어야, 급박한 의사결정을 내려야 할 때 그 원칙에 입각해 판단할 수 있다. 평소에 생각해두지 않으면 위기 상황에 엉뚱한 판단을 내려서 낭패를 볼 위험이 크다.

드라마 〈웨스트윙〉은 틈틈이 의사결정권자들이 밤을 지새우고 이른 새벽부터 일어나 고민에 고민을 거듭하는 장면들을 보여준다. 대통령의 가방에는 늘 서류 뭉치가 한가득이다. 비서실장도 산만 한 서류 더미에 늘 파묻혀 있다. 그들은 항상 엄청나게 많은 정보를 읽고, 급박한 상황 속에서 발 빠르게 결정을 내린다. 드라마를 흥미진진하게 보며 그들의 일상이 사업가의 일상과 아주 닮아 있다는 생각을 했다. 큰 기업이든 중소기업이든 스타트업이든 모든 기업가가 이와 비슷한 일과를 소화한다. 하루 종일 여러 사람을 만나고, 현명한 의사결정을 내리기 위해 고군분투한다. 그 과정에서 스트레스는 필연적이다. 어떤 선택을 내리느냐에 따라 회사가 흥할 수도, 쇠할 수도 있다는 압박감에 괴롭다.

집중력을 잃어서 현명하지 못한 선택을 내리게 되면 회사가 한순간에 나락으로 떨어질지도 모른다는 불안이 무엇인지 나는 잘 안다. 나는 대학 졸업학기에 바로 창업을 해서 늘 대표였다. 대표라는 직함이 백조처럼 우아해 보일지 몰라도, 물 위에 떠 있기 위해서는 수면 밑에서 늘 치열하게 발길질을 해야 했다. 업계 동향과 기업이 나아갈 방향을 잡기 위해 나 또한 늘 서류 뭉치와 정보 속에 파묻혀 지낸다.

이러한 연유로 리더에게 꼭 필요한 역량이 빠른 학습력이다. 문제는 항상 새롭다. '이건 여러 번 겪어봐서 잘 아는 문제야' 같은 건 없다. 그래서 끊임없이 배워야 한다. 집중하는 법, 복잡한 정보 속에서 핵심을 짚어내는 법을 평소 연마해두지 않으면 절대 좋은 리더가 될 수 없다. 현명하지 못한 결정을 연거푸 내리고, 그 선택으로 인해 조직과 구성원들에게 피해를 입히는 리더는 그 자리에 오래 머물지 못한다. 비단 대표뿐이겠는가? 살아가며 우리는 늘 생각지 못한 곳에서 새로운 문제를 만난다. 그럴 때 어떤 문제가 찾아와도 그 문제를 극복하고 뛰어넘을 수 있으려면, 빠른 학습력을 갖추고 있어야 한다.

일본 에도 시대의 유학자 사토 잇사이는 『언지록』에서 "젊어서 배우면 장래가 밝고, 열심히 배우면 늙어서도 쇠하지 않으며, 늙어서 배우면 죽어서도 썩지 않는다"라고 했다. 그만큼 우리 삶은 죽을 때까지 배움의 연속이고, 평생 배우는 자로서 겸허함과 기개를 갖고 살아야 한다는 것이다. 매일 아침, 고요한 시간에 끌어올린 정신적 몰입과 집중력은 학습력 향상에도 큰 도움을 준다.

한 개인이 한 번에 해낼 수 있는 프로젝트의 수에는 한계가 있다. 하나의 프로젝트로 수억 원을 벌어들이는 큰 행사를 매번 성공적으로 해내는 유능한 프로젝트 매니저와 이야기를 나눈

적이 있는데, 동시에 서너 개 이상 프로젝트를 돌리기 시작하면 프로젝트별 완성도가 떨어지기 시작한다고 말했다. 그렇다. 아무리 뛰어난 사람도 동시에 여러 일을 하다 보면 집중도가 떨어져 전반적으로 완성도가 떨어지는 지점이 반드시 생긴다. 하지만 현실에서는 여건상 여러 일을 동시에 해내야 하는 경우가 많다. 꼭 업무에 해당하는 이야기가 아니다. 나로 생각해보면 아버지로, 남편으로, 아들로, 대표로, 투자자로 다양한 포지션을 맡으며 실로 많은 문제에 직면한다. 작고 단순해서 어렵지 않게 해결하는 문제도 있지만, 너무 크고 복잡해서 끙끙 앓는 문제도 있다. 이런 때야말로 콰이어트 모닝으로 단련한 집중력과 의사결정력이 빛을 발하는 순간이다.

우리는 모두 저마다의 자리에서 세상과 사회의 평가를 받는다. '네가 이 문제도 해결하나 보자' 하고 나를 시험하는 듯한 문제에 봉착하기도 한다. 이를 압박과 스트레스로만 여기지 말고, 성장을 위한 긍정적 신호로 받아들이고, '이 문제에서 내가 무엇을 배울 수 있을까'의 태도로 선회해보자. 이렇게 태도만 바꾸어도 실로 많은 것이 바뀔 수 있다.

마음을 얻기 위해 노력할 것

2천 평대의 테마파크 오픈을 앞둔 대구 엑스코 현장 사무실에서 내게 주어진 발표 시간은 10분이었다. 테마파크에 어떤 교육 콘텐츠를 제공하면 좋을지 아이디어와 전략을 제시하는 자리였는데, 불과 며칠 전에 급하게 발표 요청을 받은 것이었다. 자리에는 업계에서 내로라하는 기업가 세 명이 참석했다. 10여 분의 발표가 끝나고 아무 말도 없는 고요한 침묵이 영원처럼 느껴졌다. 결국 내가 제시한 아이디어가 낙찰되었다. 그 발표는 즉각 수천만 원의 경제적 이익과, 만약 테마파크의 성공이 장기적으로 이어지면 수십억 원 혹은 수백억 원의 수익을 창출할 수 있는 사업이 될 것이었다. 발표를 마친 후 한 기업가분의 입에서 나온 말은 이것이었다. "공감이 되네."

공감이란 무엇일까? 도대체 공감이 무엇이기에 사적인 인간관계에서뿐만 아니라 온갖 숫자와 계산만이 가득할 것 같은 비즈니스의 영역에도 이렇게 큰 영향을 미치는 걸까? 공감에 대한 정의는 다양하지만, 보편적으로 '다른 사람이 느끼고 있는 감정에 대한 인지적 이해와 정서적 반응'을 일컫는다. 공감은 신뢰와도 이어진다. 그래서 우리가 어떤 일을 추진할 때 타인의 공감을 사는 것이 중요하다. 공감을 이끌어낼 수 있는 사람은 신뢰를 받는다. 그것이 우리가 어떤 일을 추진할 수 있게 해주는 힘으로 작용하기에 당연히 비즈니스 영역에서도 강력한 힘을 발휘한다. 우리가 어떤 일을 추진할 때 다른 이들의 공감을 살 수 있는가의 관점에서 검토해봐야 하는 것도 이 이유에서다. 그렇다면 타인의 공감을 이끌어내는 사람이 되려면 어떻게 해야 하는가?

하나, 부족한 점을 보완해야 한다. 누구나 할 수 있는 당연한 말 같지만, 부족한 점을 보완하기 위해선 스스로 자신이 부족한 점이 뭔지 알아야 하고 그것을 있는 그대로 솔직하게 받아들여야 한다. 그리고 이 일에는 생각보다 많은 용기가 필요하다. 대개는 자신의 부족한 점을 받아들이지 못한다.

말콤 글래드웰은 그의 대표작 『아웃라이어』에서 어떤 일을 마스터하기 위해서는 1만 시간이 필요하다고 말했다. 나는 여기서 한 걸음 더 나아가고 싶다. 구체적이고도 명확한 목표를 가지고, 부족한 부분에 집중해 1만 시간 동안 섬세한 훈련을 펼쳐나갈 때 진정한 마스터가 될 수 있다고 말이다.

우리가 공부를 할 때 점수를 올리려면 오답을 잘 체크해야 한다. 아는 것보다 모르는 것을 제대로 공부할 때 성적이 향상된다. 운동선수와 악기를 다루는 연주자도 자기가 취약한 부분을 집중해 훈련해야만 한다. 발표할 때도 마찬가지다. 발표자에게는 공감 사는 일이 가장 중요하다. 발표자 머릿속에 든 생각이 상대방에게 전혀 와 닿지 않으면 그 발표는 실패한 발표다. 그 발표를 이해하고 나아가 공감하는 사람이 없으면 영향력이 만들어지지 않기 때문이다. 공감력을 키우고 싶다면 나보다는 상대방이 원하는 것이 무엇인지를 파악할 수 있어야 한다. 내가 하는 이야기에 상대방이 보이는 반응, 즉 몸짓, 눈빛, 얼굴 근육의 긴장도, 몸의 자세 등을 관찰하고 그의 의중을 파악하는 법을 터득해야 한다.

카이스트 경영대학원에서 MBA 과정을 밟는 동안 매달 교수님과 SK 관계자들 앞에서 발표를 해야 했다. 발표에 따라 평가가 좋으면 장학금과 사업 자금 지원 등 리워드를 받을 수 있었다. 발표 평가가 좋지 못하면 아무 혜택도 받지 못했으므로 모두 사활을 걸고 한 달 한 달 발표를 준비했다. 그때는 몰랐지만, 지나고 보니 2년간 매달 사업 발표를 준비하면서 다른 이들의 공감을 불러일으키는 발표 능력이 많이 향상되었다. 발표 후에는 잘했건 망했건 꼭 스스로 돌아보고 평가하는 시간을 가졌는데, 이 시간을 통해 부족한 점을 보완하려 노력했던 것이 도움이 되었다.

둘, 메타인지를 키워야 한다. 나는 사업상 수주를 따내기 위해 발표하는 입장도 되었다가, 펀딩 심사자가 되기도 하고, 교육

생을 선발하는 결정권자가 되기도 한다. 심사자일 때와 발표자일 때는 시각이 완전히 달라지는데, 덕분에 스스로를 객관적으로 바라볼 수 있는 능력, 즉 메타인지가 발달할 수 있었다. 발표자이지만 청중과 심사자 입장에서 자신을 바라볼 수 있다면 더 뛰어난 발표를 할 수 있기 때문이다. 출제자의 의도를 파악할 줄 아는 수험생이 문제를 더 잘 푸는 것과 같은 이치다.

나는 몇 해 전부터 한국장학재단의 창업기숙사 운영위원으로 위촉되어 심사, 최종심의, 멘토링에 참여하고 있다. 대학생 청년 중 창업에 뜻이 있는 이들을 선발해서 창업 멘토링을 해주고 연계 지원 정책을 제공하는 이 프로그램은 매년 인기가 상당하다. 이 프로그램에 참가했던 청년 중에는 이미 수십억 원대의 매출을 달성하는 등 괄목할 만한 성과를 보이는 청년 CEO가 제법 있다. 이처럼 시간이 지날수록 성과를 내는 청년이 있는 반면 그렇지 못한 청년도 있다. 시간이 갈수록 확연히 갈린다.

중요한 건 사업 아이템의 좋고 나쁨을 떠나, 공감 능력이 있고 전달력이 좋은 청년이 취업이든 창업이든 자리를 잘 잡아가더라는 사실이다. 공감 능력이 떨어지고 소통이 매끄럽지 못한 청년은 시간이 지나도 그대로인 경우가 많았다. 왜일까? 자기만의 사고에 갇혀 있어서다. 자기만의 사고에 갇혀버리면 경직되고, 남과 원활한 소통을 할 수 없다. 스스로 '내가 틀릴 수도 있

다'라고 생각하고 다른 이의 의견을 열린 마음으로 들을 줄 아
는 사람이 성장한다. 나의 사업 이력을 되돌아보아도, 내 생각에
갇혀 있었을 때 위기를 헤쳐 나갈 돌파구를 찾기가 가장 어려웠
다. 무조건 내 생각이 옳다는 아집을 내려놓는 것이 문제 해결
의 첫 단추였다.

구글의 에릭 슈미트와 애플의 스티브 잡스가 팰로앨토의 한
조용한 카페 테라스에서 함께 대화를 나누는 사진이 화제가 된
적이 있다. 각각 영향력의 크기가 어마어마한 이들끼리의 만남
이어서 그 자체만으로 세간의 화제가 된 것이다. 대화의 세부
내용은 아무도 몰랐지만, 분명한 건 두 CEO 사이에 형성된 공
감과 신뢰가 최고의 경쟁자였던 애플과 구글이 부분적으로 협
력하는 일을 가능케 했으리라는 점이다.

"당신은 일반적으로 무엇what을 어떻게how 하라고 지시한다.
하지만 가장 중요한 것은 그 이유why를 말하는 것이다. 우리는
이유를 말해주는 데 서툴다. 무엇은 머리로 참여하게 만들고, 어
떻게는 손으로 참여하게 만든다. 그리고 이유는 마음을 움직이
게 하고 정서적인 유대관계를 형성한다." 타코벨 CEO 그레그
크리드가 한 말이다. 다른 사람의 공감을 사려면 이유를 납득시
킬 수 있어야 한다. 그러려면 자기 자신부터가 이유를 잘 알고
그 이유에 설득되어 있어야 한다. 우리 기업이 낙찰받아야 하는

이유, 내가 이 학과에 가야 하는 이유를 정확히 알고 전달할 수 있는 사람이 상대의 마음을 움직일 수 있다.

　매일 아침 나는 내 입장에 갇히지 않기 위해 노력한다. 책을 읽고 깊게 생각하며 나도 모르게 자리 잡고 있는 선입견과 편견이 없는지 점검하고, 이유를 곰곰이 고민하는 시간을 갖는다. 경험상 객관적인 시선으로 스스로를 바라볼 때 왜 내가 그 일을 해야만 하는지, 왜 그 길을 선택해야만 하는지, 나에게도 남에게도 납득 가능한 이유를 찾을 수 있었다. 그렇게 깊게 생각하고 나서 '이 길은 아니구나'를 깨닫게 될 때도 있었다. 높은 창공에 헬기를 띄워 먼 곳에서 지형을 조망하듯, 그렇게 자기 마음을 객관적으로 바라보자. 남이 되어 나를 바라보는 훈련을 하는 것이다. 그 메타인지 능력이 당신의 눈을 트이게 하고, 다른 사람의 마음까지 살 수 있게 할 것이다.

자발적으로 재충전하기

　어느 가을날, 모교인 경북대에 글로벌 심포지엄 연사로 초대받았다. 누구에게나 그렇겠지만, 대학은 20대 때 내 꿈을 개척했던 소중한 곳이다. 경북대 인근에서 자취를 했던 나는 밤이면 캠퍼스를 걸으면서 다짐하곤 했다. '한국이 아닌 전 세계를 무대로 활동하는 사람이 될 거야.' 나는 2010년 이후 해마다 시간을 내 해외로 나가 배움의 여정을 이어갔다. 20~30대 때 가장 잘한 선택을 꼽으라면, 해외로 나가 공부하는 데 아낌없이 투자한 것이다. 그만큼 그때의 배움과 경험이 지금 나에게 중요한 부분을 이루고 있기 때문이다.

특강 전에 캠퍼스 안에 있는 조용한 카페에 들러 커피를 뽑아 들고 교정 이곳저곳을 산책했다. 그때의 내가 눈에 보이는 것 같았다. 친구들 대부분이 고시 준비, 공무원 준비, 대기업 취업 준비에 여념이 없는 동안 나는 도서관에 처박혀 책을 왕창 읽고, 군 전역 후에는 창업에 매진했다. 나는 소위 자발적 아웃사이더였다. 지금도 그 기질은 여전하다. 많은 이들이 가려 하는 넓고 평탄한 길을 덩달아 따라가지 않고, 좁고 울퉁불퉁해 보이지만 그 길이 내 길이다 싶으면 일단 돌진하는 기질 때문에 힘들 때도 있었다. 그러나 후회한 적은 없다. 내가 원하는 것을 알고, 그것을 실현하기 위해 집중하는 삶은 그 자체로 만족스러웠기 때문이다. 그래서 흔들리며 자기 길을 찾으려 애쓰는 청년과 청소년을 보면 그들을 진심으로 도와주고 싶어진다. 남이 아니라 내가 원해서 택하는 인생이 주는 활력과 만족감을 그들도 꼭 느껴보았으면 싶어서다.

그래서 청년을 대상으로 강연할 때 나는 한층 더 진지해진다. 내 강연을 듣고 조금이나마 그들이 자기가 원하는 인생이 무엇인지 힌트를 얻기를 바라는 마음으로, 충분히 숙고하며 강연을 준비한다. 그날은 사범대를 비롯한 다양한 전공의 학생이 심포지엄에 참석했는데, 강연 주제는 '대학이 내 인생에 미친 영향'이었다. 대학에 입학한 게 거의 20년 전 일이니, 대학 입학 시점을 기준으로 그만큼의 인생을 더 살고 연단에 선 것이었다. 감회가 남달랐다. 그간 나는 무엇이 변하고 변하지 않았는가?

차이점은 그때보다는 조금 더 현명해졌다는 점이다. 확실히 20대 때는 지금보다 다른 사람을 기다릴 줄도 모르고, 상대방 입장을 생각할 줄도 몰랐다. 지금보다 화도 잘 내고 다른 이들을 답답하게 여길 때도 많았다. 그러나 매일 아침 마음을 단련한 세월을 통해 지금의 나는 그때보다 남을 수용하고 배려할 줄 알게 되었다. 쉽지 않았지만 차이를 틀림으로 인식하지 않는 법, 불안과 초조를 다스리는 법도 터득했다.

그때나 지금이나 여전한 건, 나의 강한 호기심과 열정이다. 나는 그때도 지금도 누군가가 시켜서 하는 일에는 흥미를 전혀 느끼지 못한다. 나 스스로 마음이 동해야 일을 시작할 수 있고, 자발적이고 능동적으로 일을 추진할 때 만족과 보람을 느낀다. 반면 내가 동기부여가 되지 않는 일은 가급적 시작을 안 하려는 편이고, 피치 못할 상황으로 해야 한다면 한계가 있음을 인정하고 기대 수준을 낮춘다. 나는 한번 시작하면 몇 번을 실패해도 오기와 끈기로 계속해 나가는 성정의 사람인지라, 애초에 시작부터 신중을 가한다. 20대에도 30대에도 그랬고, 나의 체력과 정신력이 유지되는 한 앞으로도 그럴 것이다.

나의 이 이야기를 듣고 어떤 학생이 질문을 해왔다. "그렇게 열정적으로 사시는데 번아웃이 찾아온 적은 없나요?" 그즈음 나는 수많은 일을 동시에 해내고 있었다. 교육 프로그램 운영, 신규 카페 창업 준비, 생두 로스팅 공장 설립 준비, 각종 운영위원으로서의 일들, 정기적으로 하는 라디오 출연, 칼럼 기고, 책 집필, 취약계층 청소년 상담까지, 여기 다 열거할 수 없을 정도로 맡은 일이 많았다. 얼핏 보면 하는 일이 너무 많아 정신없고 지치지 않나 하는 생각이 들 만하다.

나는 이럴 때일수록 정신없이 바쁘고 의미 없이 부산스러워지지 않도록 경계한다. 실제로 생각보다 정신없거나 분주하지 않기도 하다. 믿어지는가? 내가 이렇게 많은 일을 하면서도 넋이 나가지 않고 초점이 흐트러지지 않는 까닭은 모든 일 사이에는 공통분모가 있기 때문이다. 내가 해내는 모든 일이 나의 미션과 긴밀히 연결되어 있다. 내가 찍은 많은 점이 서로 연결되어 선이 되고, 면을 이루는 광경을 떠올려본다. 그것들이 산발적으로 흩어져 있지 않고 하나로 연결되어 있기 때문에, 내가 수많은 일 속에서도 길을 잃지 않고 일목요연하게 처리해갈 수 있는 것이다. 주도적으로 찍은 점이라는 사실이 중요하다. 반면 남이 시켜서 어쩔 수 없이 찍은 점이라면, 그걸 연결해서 선을 만들고 면을 만들기 힘들다. 커다란 목표 아래, 자신이 해야 할 일을 주도적으로 기획해서 추진해보자. 아주 작은 시도라도 괜찮다. 그렇게 신중하게 점을 찍고, 그 점들끼리 연결해가는 연습을 해보는 거다.

한편 여러 일을 일정 수준 이상으로 해내려면 시간의 효율을 높여야 한다. 단위 시간당 해내는 일의 양을 끌어올려야 하는데, 이것은 단시간에 길러지는 능력이 아니다. 나는 휘몰아치는 일 속에서 정신적 압박과 스트레스를 이겨내는 법, 도저히 감당할 수 없을 것 같은 일 사이에서 틈을 발견해 하나씩 소화하는 법 등을 오랜 시간 시행착오를 거치며 터득했다.

오해하지 말아야 할 것이, 계속되는 과로를 모두 견뎌내란 얘기가 아니다. 우리 육체에는 한계가 있다. 일이 너무 많아 계속 잠을 못 자면, 누적된 수면 부채가 건강을 심각하게 위협할 수 있다. 앞서 학생이 물은 대로 번아웃이 찾아오고 만다. 심각한 번아웃 때문에 자살 충동을 느꼈던 친구 이야기를 했지 않은가. 이날도 한군데서 꾸벅꾸벅 졸고 있는 청년이 눈에 띄었다.

밤새 무언가를 했거나, 영양 상태가 일정하지 못하거나, 시간 관리를 잘 못해서 에너지 레벨이 낮으면 그렇게 낮에 잠이 쏟아진다. 그 모습을 보고 가만히 있을 내가 아니다. 나는 강연장이 떠나가라 큰 소리로 외쳤다. "학생! 일어나세요!" 졸음도 습관이다. 매일 밤늦게까지 무얼 하는 습관은 바람직하지 않다. 밤에는 잠을 자고, 일과 중에 집중해서 좋은 에너지로 생활해야 일의 효율도 높아진다.

많은 사람이 걱정하는 것과는 달리 나는 번아웃을 느껴본 적이 거의 없다. 번아웃은 극단적인 부지런함과 성실함이 불러오는 부작용인데, 나는 이것을 관리할 묘책을 함께 갖고 있다. 그 비결은 첫째, 신체적, 심리적 한계를 점진적으로 넓혀서 감당할 수 있을 만한 프로젝트만 맡는다. 나는 나의 한계를 '조금 더' 성장시켜줄 일에 도전한다. 이 조금 더는 여러 일을 해 나가며 스스로 터득해야 하는 감각이다. 둘째, 단호하게 "No"를 말할 줄 안다. 감당하지 못할 일을 끌어안고 끙끙 앓는 상황으로 나를 몰아가지 않는다. 셋째, 무엇보다 번아웃이 올 때까지 나를 방치하지 않는다. 말 그대로 탈탈 털린 상태로 가지 않도록 매일 재충전의 시간을 갖는다. 광풍처럼 일이 휘몰아치는 일과 속에서, 태풍의 눈처럼 고요한 시간과 공간을 반드시 확보해서 충분히 쉰다.

매일 정해진 시간에 스스로를 충전하는 것은 매우 중요하다. 전자기기는 그렇게 꼬박꼬박 충전하면서 왜 자기 자신은 그대로 두는가? 충전 없이 일만 하는 것은 배터리를 계속 소모시키는 것과 같다. 머지않아 필연적으로 방전되고 만다. 내가 자발적으로, 그것도 설레어하는 마음으로 매일 콰이어트 모닝을 갖는 것도, 이 시간이 나를 충전해주는 시간이기 때문이다. 꿈을 꾸고 그 꿈을 향해 열심히 달려가되, 틈틈이 쉬며 충전해야 한다. 인생은 100미터 달리기가 아니라 마라톤이기 때문이다.

콰이어트 모닝 실천법

당신이 한 생각, 당신이 만난 사람,
당신이 먹은 음식, 당신이 주로 지은 표정 그 모든 것의 총합이
지금의 당신이다. 과거는 이미 지나갔기에 손쓸 수 없지만,
미래의 당신은 지금 당신이 어떤 삶을 사느냐에 따라
달라질 수 있다.

13

잘 자고
잘 일어나기

멍하니, 감사하며, 11시 전에

나는 대체로 알람을 설정하지 않는다. 해외 출장을 나가 시
차가 달라져도 하루이틀 지나고 나면 알람시계가 필요 없다. 알
람을 맞추는 대신 잠들기 전에 스스로에게 이렇게 말한다. "오
늘 하루도 잘 살았다. 내일도 힘차게 시작하자!" 그날 하루 어떤
감정을 겪었든, 하루를 마무리할 때 내가 선택하는 감정은 늘
감사다. 감사한 마음은 나의 몸과 마음에 선한 기운이 순환하게
하기 때문이다.

잠은 대체로 밤 11시 전후에 잔다. 그리고 그 전에 꼭 멍 때리는 시간을 갖는다. 가끔 마감에 쫓길 때나 무언가를 해야 한다는 압박감이 올라올 때 말고는, 잠들기 전 한 시간 동안 가능하면 멍하니 있다. 10년 전 큰마음 먹고 산 리클라이너 체어에 멍하니 누워 있는 나를 보면 아내가 이렇게 말한다. "여보, 꼭 널브러진 코알라 같아."

늘어져 있는 나를 보면 아내는 우리가 호주에 있을 때 함께 보았던 코알라가 떠오르나 보다. 그럴 만도 하다. 많은 사람 앞에서 강연하고, 비즈니스 협상을 하고, 문제 해결을 위해 머리를 맞대고 씨름하며 하루를 보내고 나면 잠자리에 들 시간쯤에는 거의 방전된다. 이런 상태에서는 무언가에 집중하거나 중요한 결정을 내리는 일을 하기 힘들다. 에너지가 남아 있지 않아서다. 가능하면 이 시간에는 휴대폰도 보지 않고 물도 잘 마시지 않는다. 가장 편안한 의자에 온몸을 맡긴 채 아무것도 하지 않고 신체와 정신을 완전히 이완시킨다. 그 상태에서 하루를 정리하고 내일을 맞을 준비를 한다.

매일 아침 둘째 딸아이를 유치원에 데려다줄 때 나는 지름길로 갈 때보다 시간이 좀 더 걸리더라도 드라이브하기 좋은 길로 등원한다. 그 길에 작은 폭포가 있고, 날씨 좋은 날이면 이름 모를 새들이 물가에 옹기종기 모여 서서 햇볕을 쬐는 평화로운 광경을 볼 수 있기 때문이다. 아이는 매일 보는 풍경인데도 처음 본다는 듯 호기심 반짝이는 눈으로 나무, 새, 꽃에게 인사를 한다. 그러다가 어느 순간 조용해서 뒤를 흘깃 보면, 아이가 생각에 잠긴 듯 멍하니 밖을 보고 있을 때가 많다. "딸, 무슨 생각해?"라고 물어보면, 아이가 대답한다. "그냥."

아이들은 가히 멍 때리기의 신동이다. 재미있는 놀이를 할 때는 아주 깊이 빠져들지만 그렇지 않을 때는 시키지 않아도 기꺼이 멍하니 있다. 몰입과 멍 때리기의 완급 조절이 아주 탁월하다. 우리도 어렸을 때는 그랬지만, 애석하게도 크면서 이 천부적인 재능을 서서히 잃어버린다. 어른이 되면서 업무나 공부 때문에 끊임없이 뇌를 사용하고, 잡념과 후회 등 부정적인 생각에 시달리느라 잠시도 뇌가 쉬질 못하는 탓이다. 스마트폰을 손에서 떼지 못하는 요즘은 더더욱 멍 때릴 시간이 없다.

실제로 전문가들은 하루 15분 멍하니 있으면 오히려 기억력과 창의력이 높아진다고 조언한다. 뇌는 움직일 때와 쉴 때 활성화되는 부위가 다른데, 각 영역이 적절히 활성화되어야 뇌가 효율적으로 활동할 수 있다. 몰입과 휴식이 적절히 배합되어야 하는 것이다. 멍하니 있으면 디폴트 모드 네트워크DMN, Defalt Mode Network라는 뇌의 특정 부위가 활성화되는데, 말 그대로 뇌가 어떤 작업에 집중할 때는 활동이 감소했다가 오히려 아무것도 하지 않을 때 활동이 재개되는 영역이다. 디폴트 모드 네트워크가 활성화되면서 뇌가 초기화되고, 더 생산적으로 일할 수 있는 상태가 된다고 한다. 그러니 자기 전 멍하니 있는 시간이 다음 날 아침 더욱 생산적으로 하루를 시작할 수 있게 하는 전초작업이 되는 셈이다.

매일 이른 새벽 일어나는 나에게 많은 사람들이 묻는다. "어떻게 매일 그 시간에 일어날 수 있어요? 안 피곤하세요?" 그렇다. 생각보다 피곤하지 않다. 밤 11시에 잠이 들어 새벽 4시 반에 일어나니 수면 시간은 다섯 시간 반 정도로 길진 않다. 그러나 질적으로 중요한 수면 시간인 밤 11시부터 새벽 1시 사이에는 꼭 자고, 잠들기 전 멍하니 있으면서 신체와 정신을 충분히 이완시켜서인지 푹 잘 잔다. 숙면을 유도하는 멜라토닌이 가장 많이 분비되는 시간이 밤 11시부터 새벽 1시 전후다. 이 시간대를 수면 시간에 반드시 포함시켜서 잠을 자면, 그 시간을 포함하지 않고 더 많이 잔 것보다 더 나은 컨디션으로 일어날 수 있다. 수면의 질이 좋기 때문이다.

이처럼 아침에 잘 일어나려면 밤을 잘 보내야 한다. 1990년대 화장품 광고 중에 '화장은 하는 것보다 지우는 것이 중요하다'라는 카피가 있었다. 비슷한 맥락에서 아침에 잘 일어나려면 전날 잘 자는 것이 매우 중요하다. 어쩌다 한 번은 몰라도 늘 밤

늦게까지 휴대폰을 보고, 야식을 먹고, 과음을 하면서 다음 날 아침에 상쾌하게 벌떡 일어나기는 불가능하다. 고요한 아침을 맞이하기 위해선 자기 삶을 정비하는 일이 동반되어야 한다. 당장의 유혹을 절제하는 자기 관리를 병행해야 가능한 일이다.

또 하나, 평온한 마음으로 잠자리에 드는 것이 중요하다. 자녀와 나누는 잠자리 대화가 아이의 행복과 자존감에도 큰 영향을 미치고, 특히 잠자리에서 나누는 마지막 대화가 아이 가슴에 새겨져 그다음 날 나누게 될 대화에도 영향을 준다는 연구 결과가 있다. 자녀와의 대화만 그럴까? 잠자기 전 우리의 마음 상태가 그다음 날 마음 상태에도 큰 영향을 미친다.

나는 걱정, 분노, 원망의 감정을 잠자기 전 멍하니 있으면서 서서히 흘려보낸다. 머릿속으로 상상한다. 나쁜 감정은 썰물처럼 빠져나가고, 그 빈자리에 감사가 밀물처럼 들어오는 광경을. 그날 어떤 일이 있었건 하루가 지나갔고, 무사히 잠자리에 들 수 있다는 사실만으로 감사할 수 있다. 뇌신경학자들은 그간 연구로 인간의 감정과 뇌 호르몬이 밀접한 관련이 있음을 밝혔다. 절망과 슬픔을 생각할 때보다 감사와 행복을 생각할 때 몸을 더 건강하게 하는 물질이 분비된다는 것이다. 우리 몸에는 병과 약이 공존하고 있다. 내가 어떤 마음을 먹느냐, 어떤 감정을 택하느냐에 달렸다. 감사는 누구보다 자기 자신을 위해 택하는 감정이다. 몸과 마음을 충분히 이완하고, 감사하며 밤 11시 전에 잠들기. 콰이어트 모닝을 위한 준비 작업은 이 세 가지만 기억하면 된다.

17년간 새벽 기상을 이어온 비결

나는 매일 어김없이 4시 반에서 5시 사이에 기상한다. 알람을 설정해두지 않아도 이 시간만 되면 저절로 눈이 떠진다. 어떻게 그럴 수 있는지 의아할 것이다. 17년이나 콰이어트 모닝을 지키다 보니 몸이 저절로 기상 시간을 아는 것 같다. 하지만 나라고 늘 쉽게 몸을 일으킬 리 없다. 여름과 겨울에는 나도 잠시나마 내적 갈등을 한다.

여름은 무덥고 습해도 추운 겨울보다는 한층 수월하게 일어난다. 반면 겨울에는 따뜻한 온기가 남아 있는 이부자리를 박차고 나오는 것이 여간 힘든 일이 아니다. 조금만 더 이불 속에 파묻혀 있고 싶은 나와 콰이어트 모닝으로 오늘 하루를 힘차게 시작하고 싶어 하는 내가 줄다리기를 시작한다. 결국 후자의 내가 이기곤 하지만, 쉽지 않음을 인정한다. 이때야말로 이를 악물고 일단 이불 밖으로 다리 하나를 내어놓는 결단이 필요하다.

우리는 생물이다. 그것도 저마다 다른 특수성을 지닌 생물이다. 그러니 나의 의지대로 내 몸을 움직이고 싶다면, 나라는 생물을 제대로 파악해야 한다. 청년정책조정위원으로 함께 활동하는 한의사분이 나에게 콰이어트 모닝 이야기를 듣고, 사람마다 발달되어 있는 장기가 달라서 수면 시간이 조금 부족해도 무리가 없는 사람이 있는 반면 조금만 적게 자도 큰 신체적 고충을 겪는 사람이 있음을 알려주었다.

몸의 바이오리듬이 바뀌는 데는 일정 시간이 필요하다. 사람마다 다르지만, 최소 2~3주, 혹은 더 긴 시간을 적응 기간으로 둬야 한다. 스스로 실험해서 자기에게 가장 적합한 수면 시간을 파악하는 게 급선무다. 전문가들은 보통 일곱 시간 내외의 수면을 권장한다.

밤 11시에 잠이 들어 5시 혹은 6시에 기상, 밤 10시에 잠이 들어 4시 혹은 5시에 기상 등 여러 패턴을 실험해서, 나의 컨디션이 가장 좋은 시간으로 점점 맞춰 나가면 된다. 하지만 생체 리듬은 수면 말고 여러 가지 변수로 인해 매번 달라지기 때문에, 자주 바꾸지 않는 게 좋다. 2~3주 실험한 뒤 정한 수면 사이클은 고정해두고, 컨디션이 유독 안 좋을 때만 조금 변화를 주는 것이 루틴 안착에 도움이 된다.

나는 오후에 꼭 낮잠을 잔다. 이것이 콰이어트 모닝을 계속

할 수 있게 해준 공신 중 하나다. 17년간 매일 아침 일찍 일어나는 것에 단련되어온 나도 점심시간이 지난 후면 급격하게 피로가 몰려온다. 피곤하다는 것은 휴식이 필요하다는 신호다. 오후 12시에서 1시경이면 이미 깨어나서 왕성히 활동한 지 일고여덟 시간쯤 지난 상태라, 이제 좀 쉬어 달라는 신호를 뇌가 보내오는 것이다.

"저는 직장인이어서 사무실에서 낮잠 자기가 쉽지 않아요." 걱정 말자. 15분 내외 낮잠이면 충분하니까 말이다. 점심 식사를 하고 돌아와 15분 정도 잠시 눈을 감고, 호흡에 집중하며 명상을 하는 것도 도움이 된다. 오히려 너무 길게 자면 몸이 더 피곤하고 늘어져서 오후 일과에 방해가 된다. 나는 오전에 미팅, 강의, 코칭, 컨설팅을 마치고 점심시간이 되면 사무실, 혹은 차 안에서 잠시 15분 동안 명상을 하거나 낮잠을 자면서 충전하는 시간을 갖는다. 몰입하고 집중하면 그만큼 강한 피로가 온다. 몇 시간에 걸쳐 연주에 집중한 피아니스트가 무대 뒤에서 극한 탈진을 느끼는 것처럼 말이다. 그러나 잠시나마 조용한 가운데서 쉬고 나서 오후 일과를 시작하면, 그 휴식으로 몸과 정신이 힘을 얻는다. 다시 일어나 하루를 시작하는 것처럼 상쾌해지고 새로운 활력이 생긴다. 점심 식사 후 커피를 마시고 자리에 들어와 바로 일과를 시작하는 사람들에게 나는 그사이 외부로부터 차단되는 시간을 15분만이라도 가지라고 말하고 싶다. 오전과 오후를 분리하는 그 시간이 남은 오후의 질을 완전히 달라지게 할 것이다.

새벽 루틴이 깨졌을 때

사업을 하다 보면 워낙 분주하다 보니, 가족과의 소중한 경험을 놓치게 될 때가 있다. 그때 내 마음은 둘 사이를 추처럼 왔다 갔다 하며 괴로워한다. 하지만 어떤 경우에든 가족을 가장 우선순위로 두고 결정을 내리는 순간이 있으니, 바로 아이가 많이 아플 때다. 아무리 중요한 일이 있어도 아픈 아이를 뒤로하고 일을 하러 나서지 않는다. 아이가 안정되었다는 판단이 선 뒤에야 일터로 복귀한다.

첫째 아이는 병치레를 많이 하지 않았는데, 둘째 아이는 기관지가 약해 기침 감기가 폐렴으로 진행되는 경우가 있어 병원에 자주 입원을 했다. 아이를 키워본 사람들은 알겠지만 뭐든 밤에 아픈 증상이 심해진다. 밤새 아픈 아이를 지켜보다가 증상이 심각해지면 이른 새벽 병원 응급실로 향한다. 이럴 때는 나도 콰이어트 모닝을 지키지 못한다. 아픈 아이를 돌봐야 할 때는 규칙적으로 지내던 패턴이 며칠은 어그러진다.

계획은 반드시 틀어진다. 인생은 변수투성이다. 그럴 때 중요한 것은 한 번, 두 번, 세 번, 그 이상 어긋난다 해도 그만두지 않는 태도다. 오래달리기 습관을 갖도록 도와주는 앱이 있는데, 8주간 일주일에 세 번씩 달리면서 훈련해 나간다. 일주일간 1분 달리고 2분 걷고, 다음에는 1분 30초, 2분, 그리고 마침내 30분 내내 달리기를 할 수 있도록 프로그램이 짜여 있다. 이때 달리기를 1~2주 쉬었으면 그 전주차로, 2주 이상 쉬었으면 그 전전주차, 한 달 이상 쉬었으면 처음부터 하라고 안내한다. 언제라도 돌아가기만 하면 되고, 너무 오래 쉬었다면 까짓것 처음부터 다시 시작하면 된다는 유연한 마음을 지녔으면 좋겠다.

이것은 비단 오래달리기와 콰이어트 모닝에만 해당하는 이야기가 아니다. '그간 살아온 세월이 있는데, 하루아침에 좋은 습관 만들기가 쉽진 않겠지. 그래도 하다 보면 될 거야'라는 유연한 태도가 삶에 도움이 된다. 계획대로 되지 않았다는 것에 좌절하지 말자. 계획대로 척척 굴러가는 인생이 오히려 신기루 같은 것이다. 몇 번은 실패했어도 언젠가는 될 거라는 믿음으로 다시 해보고 또 해보자. 수없이 넘어지고 넘어진 끝에 걸음마에 성공했듯, 깨지고 깨진 끝에 굳건한 루틴이 완성될 것이다.

14

꾸준히 운동하기

유산소 운동과 근력 운동

뛰어난 피아니스트는 연주 테크닉만 단련하는 게 아니라 오랜 시간 앉아 연주할 수 있도록 체력 단련에도 엄청난 공을 들인다고 한다. 강한 정신적 몰입을 견뎌내기 위해서는 신체도 강하게 단련되어 있어야 하기 때문이다. 그래서 나도 운동을 통한 신체 단련을 중요시하는데, 매일 아침 평상시보다 심장이 좀 더 빠르게 뛰고 땀이 살짝 나는 강도로 유산소 운동과 근력 운동을 한다. 17년간 매일 아침 다양한 운동을 시도해본 결과 나에게 가장 잘 맞는 운동이 유산소 운동과 근력 운동이었다. 적당한 운동 시간도 다양하게 시험해봤는데, 너무 무리해서 피곤하지 않으면서도 기분 좋은 활력을 주는 운동 시간이 30분에서 한시간가량이어서, 유산소 운동과 근력 운동을 한 시간 내외 하는운동 패턴을 지금까지 쭉 유지해오고 있다.

내가 운동의 위력과 중요성을 절감하게 된 경험이 있다. 어학센터 운영 당시, 코로나19 여파가 우리 사업장에도 어김없이불어닥쳤다. 예정되어 있던 포럼과 교육 위탁 건이 줄줄이 취소되었다. 나는 착잡함을 넘어 크게 낙심했다.

콰타드림랩은 청소년과 청년에게 필요한 교육을 제공해 사회적으로 선한 영향력을 미쳐 수익을 얻겠다는 포부로 세운 사회적 기업이다. 여러 길이 있었지만 나는 고민 끝에 어학센터를열어서 세계무대로 나아가려는 청소년과 청년을 돕자고 결심했다. 그런데 대구 교육 중심가인 수성구에 어학센터를 열려면 적지 않은 돈이 필요했다. 내가 모두 충당하기에는 무리가 따랐다.다행히 신용보증기금과 평소 나를 지지해준 지인의 엔젤 투자금을 받아 어학센터를 오픈할 수 있었다.

그러나 단순히 '영어 실력을 늘려야겠다'라는 바람을 불러일으켜서는 한계가 있었다. 그때 학창시절 내가 유학을 위해 절실하게 준비했던 아이엘츠 시험이 떠올랐다. 아이엘츠는 토플과 함께 영어권 국가로 유학을 가려면 반드시 치러야 하는 시험인데, 이 어학 점수가 없으면 유학을 가더라도 ESL 센터 등을 거쳐야 해서 어학 비용이 추가로 많이 든다. 나아가 콰타드림랩 어학센터를 아이엘츠 대구 시험장으로 활용하도록 하면 어떨까 하는 아이디어가 떠올랐다. 아이엘츠 시험을 보기 위해 콰타드림랩 어학센터를 찾은 학생이 어학센터에서 다양한 프로그램을 듣고 유학을 준비하도록 연계하면 좋을 것 같았다. 유학 관련 비즈니스로 확대되면, 매출도 두 배 이상 늘 거라 기대했다.

그러나 코로나19가 모든 것을 바꿔놓았다. 기대했던 매출은 사실상 제로나 다름없었고, 높은 월세와 관리비 등 고정 비용이 내 숨통을 죄어왔다. 코로나가 하늘길을 막고 관광 산업과 유학 산업이 큰 타격을 입는 상황은 사업 구상 당시 내가 전혀 예상하지 못한 변수였다. 설상가상 대구의 어느 확진자가 코로나를 전국으로 퍼뜨렸다고 보도되고 있었고, 그 환자가 입원한 병원이 우리 학원 바로 맞은편 건물에 있다고 했다. 지금 생각해도 기가 막힌다. 나는 거의 2년 동안 텅 빈 어학센터를 바라봐야 했다. 카운터펀치를 맞고 쓰러진 나를 일으켜 세워준 것이 바로 운동, 그중에서도 달리기였다.

마음이 힘들 땐 심장을 뛰게 하라

상황이 힘들 때 나는 얼굴에 '나 힘들어요'라고 쓰고 다니지 않는다. 그럴 때일수록 더 웃는다. 원래 그랬던 것은 아니다. 힘들면 힘든 티를 팍팍 내고 다녔던 시절도 있다. 그러나 그래봐야 변하는 게 없다는 것을 깨닫고 나서부터는 힘든 순간일수록 웃으면서 긍정적인 기운을 불러오려고 애를 쓴다.

겉으로는 웃고 있지만 내심 힘들게 하루하루를 버티고 있던 어느 날, 나는 업계의 이름난 전시 기획자 눈에 띄어 당시 그 대표님이 진행하고 있던 대형 프로젝트에 약 5천만 원의 수임료를 받고 석 달 동안 전시장을 오가며 마케팅을 도와 달라는 제안을 받았다. 모든 것이 순조로웠다면 그 전시회는 나와 우리 회사가 다시 도약할 수 있도록 해주는 좋은 기회가 될 터였다. 그러나 코로나19는 그마저도 집어삼켰다. 수임료를 받고 마케팅 업무는 시작되었지만 그 이후에 기대되었던 더 큰 단위의 프로젝트로는 이어지지 못했다.

전시 기획을 총괄했던 대표님도 힘드셨을 것이다. 하루는 그분이 나에게 운동화를 선물해주었다. 나는 당시 코로나 때문에 아침마다 실내 사이클로 운동을 하고 있었다. 그런데 운동화를 선물받았으니 밖에 나가 뛰어볼까 하는 마음이 들었고, 그다음 날부터 매일 아침 바깥에 나가 달리기 시작했다. 그 달리기가 나의 인생을 또다시 바꾸었다.

나는 비가 오나 눈이 오나 매일 뛰었다. 내가 괜찮아질 때까지 뛰자고 마음먹었다. 그러나 나아질 기미는 보이지 않았다. 직원을 하나둘 내보내고 회사 규모를 줄였다. 새로운 거래처를 뚫을까, 비즈니스 방식을 바꿔볼까, 내가 할 수 있는 모든 것을 찾아보자는 마음으로 여기저기를 헤매고 다녔다. 숱한 거절로 너덜더덜해진 마음을 안고 집으로 돌아가던 길이 생각난다. 어떤 말도 위안이 되지 않았다. 불안하고 우울했다. 자책이 올라오기도 했다. 하지만 그런 감정에 잠식당하도록 놔둘 수는 없었다.

코로나로 인한 어려움을 견디지 못하고 공장 사장님들이 스스로 목숨을 끊었다는 안타까운 소식이 들려왔다. 코로나에 걸려 목숨을 잃은 지인들 소식도 접했다. 두려움으로 심장이 쪼그라들었다. 하지만 바닥에 내동댕이처져 있는 시간조차 자산으로 만들자는 생각이 들었다. 10년 넘게 매일 아침 단련해온 챔피언 마인드가 빛을 발휘하며 쓰러진 나를 일으켜 세운 것이다. 지나고 보니 콰이어트 모닝으로 다져놓은 멘탈이 진면목을 발휘했던 시간이었다.

300일 동안 나는 매일 달렸다. 달릴 때 심장이 약간 빠르게 뛰는 느낌이 좋았다. 다른 상황은 내가 어떻게 할 수 없지만, 운동은 내가 통제할 수 있는 것이었다. 아침 달리기가 주는 성취감으로 힘든 시간을 하루하루 넘겨 보냈다. 달리기를 시작한 지 50일이 지나자 운동화 엄지발가락 부분에 구멍이 났고, 나는 구멍이 난 신발을 계속 신고 뛰었다. 결국 200일을 채우지 못하고 운동화를 바꿨지만, 아직도 힘들 때면 그 구멍 난 운동화를 떠올려보곤 한다. 니체의 말이 맞았다. 나를 죽이지 못하는 고통은 나를 더 강하게 만들었다.

300일 달리기를 마친 후 운동화를 선물해준 대표님에게 내가 달리고 있는 모습을 찍은 사진을 보내드렸더니 이런 답이 왔다. "장하다. 앞으로 뭘들 못하겠니." 고통스러웠던 나날, 콰이어트 모닝에서 가장 먼저 한 일과는 내 심장을 뛰게 하는 일이었다. 나는 부정적인 전망으로 생각과 감정이 가라앉으면 본능적으로 몸을 움직였다. 실제로 운동을 하면 뇌에서 행복 호르몬인 세로토닌 분비를 촉진해서 스트레스와 우울한 감정을 줄여준다. 뇌세포 연결을 촉진시켜 머리를 더 잘 돌아가게 해주는 건 덤이다. 그러니 우울할 때, 앞이 콱 막혀 머리가 터질 것 같은 날에는 운동화를 신고 밖으로 나가서 달리자. 그 편이 무기력하게 침대에 누워 있는 것보다 백번 낫다.

우리가 살아가면서 극한 성공과 성취의 기쁨을 맛보는 날은 생각보다 많지 않다. 오히려 목표를 세우면 보란 듯이 매일 더욱 많은 실패와 좌절을 겪는다. 고민 없이 편안한 날보다 고민 투성이에 힘겨운 날이 더 많다. 긴 인생길에서, 언제 어떤 구간을 통과할지 알 수 없다. 루틴이 필요한 이유가 여기 있다. 언제 어떤 일이 펼쳐질지 알 수 없는 인생길을 완주하기 위해 몸과 마음을 돌보아야 한다. 특히 정신이 힘들수록 몸을 움직이는 게 효과적인데, 달리기든 걷기든 수영이든 매일 꾸준히 하는 것을 권한다. 몸이 건강해지면 그에 맞춰 정신도 자리를 잡아가기 시작한다. 몸과 정신은 긴밀하게 연결되어 있기 때문이다.

몽테뉴는 『수상록』에서 "다리가 흔들어주지 않으면 정신이 움직이지 않는다"라고 했고, 칸트는 정해진 시간에 산책하는 걸로 유명해서 동네 사람들이 그를 보고 시계를 맞출 정도였으며, 니체는 "정말로 위대한 사상은 모두 걷는 가운데 잉태되었다"라고 했다. 유명한 사상가와 독서가 중에 혼자 걷기의 예찬자가 많다고 하는데, 우리도 그들처럼 침묵 속에서 혼자 걷고 달려보자. 몸을 깨움으로써 정신이 살아나고, 정신이 살아남으로써 몸이 더 건강해지는 선순환이 일어난다.

오늘도 나는 나의 심장을 좀 더 빠르게 뛰게 한다. 수백 수천 명 앞에서 강연할 때도 쉬이 떨지 않는 심장을, 나는 매일 아침 조깅과 사이클링으로 일부러 떨게 한다. 심장이 빨리 뛰기 시작하면 이내 땀이 나고 호흡이 가빠진다. 살아 있음을 느낀다.

오랫동안 사용해오고 있는 스마트 워치로 맥박수를 확인하며 내가 살아 있음을 시각적으로 확인한다.

심장이 뛰어야 마음이 뛴다. 내가 삶의 큰 고초를 겪고 있는 동료나 후배 창업가에게 운동화를 선물하는 이유다. 심장을 뛰게 하면, 멈춰 있는 것만 같았던 인생도 어느덧 뛰기 시작할 것이다.

15

독서와 글쓰기

현자와의 대화 시간

"컴퓨터를 끄고, 휴대전화를 내려놓아라. 아날로그 시대에 좀 더 머물면서 인생에서 가장 중요한 가치가 무엇인가를 먼저 찾아야 한다." 구글 회장을 지낸 에릭 슈미트가 미국 펜실베이니아대 졸업식 축사에서 한 말이다. 빌 게이츠는 "인문학 없이는 컴퓨터도 있을 수 없다"라고 했고, 구글의 '사내 철학 선생'으로 불렸다는 데이먼 호로비츠는 "이제 IT 전문 개발자도 칸트를 읽어야만 하는 시대"라고 했다. 세계적인 IT 선구자들이 오히려 사색의 중요성을 꾸준히 강조해왔던 이유는 경영과 혁신에 필요한 상상력과 통찰력이 바로 독서와 인문학을 통한 사색에서 나온다는 점을 일찌감치 깨달았기 때문이다.

20대 때 독서의 위력을 몸소 체험한 나도 독서를 콰이어트 모닝에 하는 일 중 핵심으로 꼽는다. 나는 되도록 아침에는 외부 자극에 접촉하지 않으려고 스마트폰을 보지 않는다. 대신 책을 편다. 일본의 사회학자 기시 마사히코는 『단편적인 것의 사회학』에서 책을 창이라고 했다. "네모진 종이책은 그대로 온전히 바깥세상을 향해 열려 있는 네모난 창이다. 따라서 우리는 책을 읽으면 실제로는 자기 집이나 거리밖에 알지 못하면서도 여기에 없는 어딘가에 '바깥'이 있고, 자유롭게 문을 열고 어디에라도 갈 수 있다는 감각을 얻을 수 있다." 사방이 고요한 이른 아침, 나는 매일 네모난 창을 연다. 그리고 자유롭게 여행을 시작한다.

아침에 읽는 내용이 하루의 마음가짐을 좌우한다고 믿는 나는 책도 신중히 고르는데, 이 시간엔 주로 인문 분야의 책들을 본다. 먹고사는 일에 바로 적용할 만한 팁을 제시하지는 않지만 장기적 관점에서 인생을 제대로 살 수 있는 지혜를 담은 인문서는 당장 급하지는 않지만 중요한 일을 해내는 시간인 콰이어트 모닝에 딱 들어맞는다.

그렇다면 얼마나 독서를 해야 삶이 변할 수 있을까? 정말 독서로 삶의 변화를 느끼고 싶다면 취미 독서가 아닌 생존 독서로 임계점을 통과해야 한다. 『하루 10분 아침독서 습관』을 쓴 송희진 저자는 의식 확장을 위한 책과 자기계발서를 50권 읽었을 때 변화의 욕구로 심장이 뛰기 시작했고, 100권 읽었을 때 부정적인 언어와 사고방식이 변하기 시작했고, 200권 읽었을 때는 자기 자신과 세상을 바라보는 시야가 바뀌었으며, 300권을 읽자 행동이 확연히 적극적으로 변했다고 한다. 500권 이상 읽었을 때는 더 이상 가슴이 시키는 일을 하지 않을 수 없어 사업과 글쓰기를 시작하게 되었단다. 소프트뱅크 손정의 회장도 만성 간염으로 3년간 병원 신세를 졌을 때 4천여 권의 책을 읽은 것으로 유명하다. 이때 한 독서와 사색이 손정의 회장의 통찰력의 바탕이 되었을 것이다.

이렇게 독서가 중요한 데도 2021년 문화체육관광부에서 발표한 국민 독서 실태를 살펴보면 한국 성인은 1년 동안 책을 다섯 권도 읽지 않는다. 평소 책을 거의 안 읽는 사람이라면 '시간 나면 읽어야지'라는 마음으로는 책 읽는 습관을 들이기가 쉽지 않다. 매일 시간을 일부러 내서 읽어야 한다.

일본의 소설가 히라노 게이치로는 『책을 읽는 방법』에서 책 읽는 양이나 속도보다 중요한 건 천천히 즐거움을 만끽하며 읽는 것이라고 말한 바 있다. 속독 콤플렉스와 다독 콤플렉스에서 벗어날 때 진정한 독서의 기쁨도 느낄 수 있고 더 다양한 분야의 책에 도전할 수도 있다는 것이다. 사실 히라노 게이치로가 제안하는 독서법이 콰이어트 모닝의 취지와 더 부합한다. 숙제하듯 허겁지겁 해치우는 독서가 아니라 천천히 음미하고 즐기는 독서가 될 때 더 꾸준히 장기적으로 습관을 지속할 수 있기도 하다.

『독서력』의 저자 사이토 다카시도 독서를 장거리 달리기에 빗대어 말했다. "독서는 장거리 달리기나 행군과 비슷하다. 날마다 달리고 조금씩 거리를 늘려 나가면 대부분 장거리 달리기를 할 수 있게 된다. 독서의 세계에서는 그야말로 '꾸준히 하는 것'이 힘이 된다." 운동과 독서는 닮았다. 꾸준한 운동이 몸을 변화시키듯 꾸준한 독서가 삶을 변화시킨다. 운동이 습관이 되면 나중에는 운동을 하지 않고 하루도 못 배기듯, 책 읽는 것이 습관이 되면 나중에는 책을 놓을 수가 없다. 그러니 책 읽는 습관이 몸에 익도록 거듭 도전해야 한다. 더 나은 삶을 원한다면 분명 끊임없이 도전할 만한 가치가 있는 일이다.

한편 책을 읽을 때 나는 나의 생각을 잠재우고 저자의 이야기를 듣는 데 집중한다. 침묵하고 귀를 기울여 들은 다음에야 나의 생각을 이어간다. 독서 시간을 현자와의 대화 시간으로 활용하는 것이다. 나보다 뛰어난 현인들의 이야기를 듣다 보면 깜깜한 세계에 하나둘 어둠이 걷히는 듯한 기분이 든다. 책으로 만나는 저자들이 모두 나의 멘토인 셈이다. 데카르트도 "좋은 책을 읽는다는 것은 과거의 가장 훌륭한 사람들과 대화하는 것" 이라고 했다. 당신이 읽은 책의 저자가 당신의 멘토가 되어 당신을 돕는다고 생각해보라. 험난한 인생길에 얼마나 든든한가. 게다가 시간과 공간의 제약 없이, 언제 어디서나 만날 수 있다.

독서를 통해 과거에서 현재에 이르기까지 역사를 살피고, 다가올 미래를 예측하는 과정은 메타인지 능력도 높여준다. 자신의 생각에 대해 판단하는 능력, 즉 메타인지가 높은 사람은 의사결정 능력도 뛰어나다. 게다가 책을 읽으면 행복해진다. 연이은 사업 실패로 낙담해 있을 때 나에게 '지금 이대로도 행복해질 수 있어. 괜찮아'라고 속삭여준 것도 책이었다. 당장 실패했던 사업을 일으켜주지는 않았지만, 확실히 삶을 대하는 태도를 바꿈으로써 나를 변화시켰다. "이 세상 모든 책이 그대에게 행복을 가져다주지는 않아. 하지만 가만히 알려주지. 그대 자신 속으로 돌아가는 길." 헤르만 헤세가 노래했듯, 책은 우리 자신 속으로 돌아가는 길을 알려준다. 매일 아침 책을 펴들자. 네모난 작은 창을 열자. 그 창이 보여줄 세상을 기대하면서.

글로 남길 만한 하루

글쓰기는 우리가 생각하는 것보다 훨씬 더 강하게 뇌를 자극한다. 글을 쓰기 위해 뇌는 언어를 관장하는 영역뿐만 아니라 다양한 뇌 영역을 활성화시킨다. 글쓰기가 뇌의 노화와 치매 예방에 효과가 있다는 뇌과학 연구 결과도 있다. 글쓰기가 매일 아침 두뇌를 깨우기에도 아주 좋은 활동인 셈이다. 그래서 나는 매일, 형식은 그때그때 다르지만 글쓰기 활동을 콰이어트 모닝 루틴에 꼭 포함시킨다. 물론 글쓰기는 쉽지 않다. 집중해서 글 하나를 완성하고 나면 급속도로 체력이 저하되는 것을 느낄 때도 많다. 그만큼 생각을 글로 표현하는 행위는 쉽고 만만한 일이 아니다. 하지만 거의 모든 일이 그러하듯, 고생한 만큼 유익하고 가치 있는 일이다.

얼마 전 선린대에서 평소에는 잘 하지 않는 50~80대의 시니어를 대상으로 강연할 기회가 있었다. 몇 해 전에도 70~80대를 대상으로 한 특강을 부탁받은 적이 있는데, 그때는 내가 살아보지 못한 시간을 산 어른들에게 내 이야기가 공감을 불러일으킬 수 있을까 하는 우려에 정중히 거절했다. 하지만 이번 강연은 주제가 '과거의 인문학이 21세기 미래를 디자인할 수 있는 이유'여서, 우공이산 인문도서관을 운영하며 깨달은 점을 바탕으로 도움이 될 만한 이야기를 할 수 있을 것 같아 숙고 끝에 제안을 받아들였다.

어르신들이 가득한 강연장에 들어서니 어머니, 아버지 앞에 선 것 같은 기분이 들었다. 그분들은 청년 못지않은 열정을 품고 반듯한 태도로 세 시간 강연을 집중해 들으셨다. 강연이 끝난 후 질의응답이 오가는 시간이 되었는데, 질문이 끝날 기미가 보이지 않아 명함을 건네드리고 나왔다. 보통은 명함을 받아가도 추후 연락 오는 일이 드물다. 그러나 그 특강을 들으신 분들은 달랐다. 그날 인문학적 사고를 함양하기 위해 독서와 글쓰기를 강조했는데 황혼을 지나고 있는 어른들에게 자기 삶을 돌아보는 글쓰기는 후손에게 정신적 유산을 남기는 발달과업과도 잘 맞는 행위라, 그분들 마음에 큰 파동을 일으킨 것 같았다.

우리에게 글쓰기는 어떤 의미가 있을까? 일반인이 많이 쓰는 글 형태는 주로 일기 같은 자기 성찰적 글이다. 이런 글을 쓰는 과정을 통해 우리는 자신에게 있었던 일, 감정 등을 더 객관적으로 들여다보게 된다. 글을 쓰는 행위 자체가 내면에 있는 생각과 감정을 밖으로 꺼내는 일련의 행위이기 때문이다. 어떤 논문에서는 글쓰기가 "자신을 압도하지만 스스로 어떤 해명도 구하지 못했던 혼란스러운 감정들에 질서를 부여할 수 있는 공간을 열어준다"라고 했다. 글을 쓰기 위해 생각하는 동안, 자기의 체험과 감정을 글감으로서 거리를 두게 되어 객관적으로 인지하게 된다. 그러면서 오히려 자기 삶의 의미를 더 잘 알게 되고, 거기서부터 내면의 치유와 성장이 일어난다.

글을 쓰려면 글감이 필요하다. 이 글감을 모으는 과정이 일상을 충만하게 살게 하는 힘이 된다. 하루를 허투루 살면 글을 쓰려 해도 아무 생각이 떠오르지 않는다. 목적 없이 살아낸 순간, 의미 없이 공허하게 보낸 시간만 가득하면 전하고 싶은 이야기도, 나누고픈 감동도 없는 무미건조한 삶이 되어버린다. 그래서 나는 매일 아침 본격적인 하루를 시작하기 전에 이렇게 생각한다. '오늘도 글로 남길 만한 소중한 경험을 하자.'

2022년 가을 국가직무능력표준NCS 시험 출제위원 및 소셜벤처인과 함께 모의 면접관으로 참가해 청년 수십 명의 면접을 코칭했다. 그들의 이력서와 자기소개서를 읽어 나갈 때, 학점과 어학시험 점수가 뛰어난 청년보다 남들이 못 가진 특별한 스토리를 지닌 청년에게 더욱 눈길이 갔다. 글로 남길 만한 소중한 경험은 다른 사람은 흉내 낼 수 없는 자신만의 스토리를 만들어내는 좋은 재료가 된다. 그래서 나는 그 경험들을 마냥 기다리지 않고 적극적으로 기획하고 추진한다. 또 일상에서 익숙하게 여겼던 것도 한 번 더 돌아보고, 호기심을 갖고 관찰하려 애쓴다. 이 호기심이 선입견과 편견으로부터 자유롭게 마음을 열어

주어, 삶을 더 충만하게 살도록 해준다. 이 모든 재료가 모여 나만의 풍성한 스토리를 만들어낸다.

결과보다 과정이 중요한 행동 중 대표적인 것이 글쓰기라고 한다. 글 쓰는 과정만으로도 우리에게 이로운데, 글을 쓰려고 폼만 잡아도 삶을 더욱 충만케 해준다니 글쓰기를 강력 추천할 수밖에 없다. 글로 쓸 만한 경험을 찾아낸다는 마음으로, 적극적으로 오늘 하루를 살아보자. 그 글감들이 모여 당신만의 고유한 이야기가 완성된다.

인풋의 시간과 숙성의 시간

나는 2020년부터 언론사 몇 군데에 칼럼을 기고하고 있다. 바쁜 일상 가운데 1500자 내외의 글을 정기적으로 쓰려면, 루틴 없이는 힘이 든다. 마감 시한에 쫓겨 급하게 글을 마무리하면 생각의 밀도가 낮고 논리적으로도 조악한 글이 나오기 때문에 미리미리 쓰려고 하는 편이다. 글도 곰탕 국물처럼 천천히 오래도록 우려냈을 때 깊이 있는 좋은 글이 나오기 때문이다.

본격적으로 글을 쓰기 전에 내가 쓰고자 하는 주제에 대한 자료를 최대한 많이 모은다. 다른 사람이 쓴 좋은 글을 읽으면 특정 주제를 파악하는 데 시간을 절약할 수 있고, 나의 입장과 의견을 빗대어 확인할 수 있다는 장점이 있다. 나는 이 과정을 '인풋의 시간'이라고 표현한다. 그러고 나서 며칠 동안 해당 주제에 대해 가능하면 생각하지 않으려고 의식적으로 노력하면서, 이따금 아이디어가 저절로 떠오르면 생각노트에 적어둔다. 우리가 특정 주제에 몰입해 있을 때 오히려 문제가 안 풀리는 경험이 있을 것이다. 이럴 때 아예 상관없는 다른 분야를 접하면 환기가 되면서 더 좋은 아이디어가 떠오른다. 이에 착안해 나도 내가 쓰려는 주제에서 의도적으로 떠나 이른바 '숙성의 시간'을 갖는다. 그러고 나서 날을 정해 생각노트에 적어둔 키워드를 바탕으로 단숨에 글을 써나간다. 글 쓰는 시간만 보면 짧지만, 인풋의 시간, 숙성의 시간을 포함하면 꽤 긴 시간을 글쓰기에 들이는 셈이다.

나는 음악이나 미술 같은 예술이 영감과 감동을 줘 개인과 사회를 변화시키는 것처럼, 글에도 동일한 힘이 있다고 믿는다. 실제로 좋은 글에는 수천 년을 살아남아 영혼을 움직이는 힘이 있다. 그래서 나는 칼럼을 쓸 때도 그 글이 한 사람의 인생을 변화시키는 모습을 상상한다. 한 편의 글이 지니는 무게를 생각하며 진중하게 임한다. 꿈이 없어 고민인 청년들, 먹고살 길을 찾아 자기 전공과는 상관없이 어디든 우선 취업부터 하고 보는 청년들, 생계형 장사로 하루하루를 절박하게 버티고 있는 청년들, 불우한 환경에서 막막해하고 있는 청소년들에게, 내가 쓴 글이 조금이나마 위안이 되고 희망과 비전을 제시해줄 수 있길 바라며 말이다.

정보의 유통기한은 공유될수록 늘어난다. 한 개인의 삶에서 일어난 다양한 일들, 그 속에서 느낀 감정과 그 일을 통해 얻은 지혜가 글로 전달되며 공유되는 것은 공동체 입장에서도 이로운 일이다. 충실하게 삶을 살아내고, 그 과정과 결과를 다른 이에게 공유하는 것은 글 쓰는 이에게도 행복과 충만함을 준다. 직장에서나 학교에서, 여러 목적으로 글을 쓰는 사람들에게 말하고 싶다. 당신의 글로 인해 당신도, 다른 사람도 행복해질 수 있다고 말이다. 이제 당신도 인풋의 시간, 숙성의 시간을 거쳐 글을 써보라. 한결 더 나은 결과물을 만들어낼 수 있을 것이다.

매일 10분 일기 쓰기

마르쿠스 아우렐리우스, 벤저민 프랭클린, 마크 트웨인, 조지 루카스 등 역사적인 위업을 세운 인물들 중에는 매일 일기를 쓴 사람이 많다. 그들은 10분 내외의 시간을 들여 간단히 일기를 썼다고 알려져 있다. 그들이라고 해서 매일 멋진 명문의 일기를 썼겠는가? 그렇지 않다. 그들이 아주 짧게라도 자리에 앉아 자기 삶을 돌아보는 시간을 가졌다는 게 핵심이다.

일기를 쓰려고 하면 자연스레 자신의 삶에 대해 생각하게 된다. 한데 뒤섞여 살던 나를 밖으로 끄집어내서 바라볼 시간을 준다는 것, 이것이 일기의 미덕이다. 나와 내 문제를 거리를 두고 바라보게 함으로써 새롭게 해석할 여지를 준다. 그것만으로 문제 해결에 한 발짝 다가서는 것이다.

일기를 쓰는 시간은 아침이어도 되고, 하루를 마감한 밤이어도 된다. 점심시간도 좋다. 아침 일기를 쓰고 알코올 의존증과 우울증을 극복하고 세계적인 작가로 성장한 줄리아 카메론은 "아침 일기는 정신을 닦아주는 와이퍼다. 혼란한 생각을 일기에 적어놓기만 해도, 좀 더 맑은 눈으로 하루를 마주할 수 있다"라고 했다. 하루를 마무리하며 쓰는 일기는 어떤가. 오늘 있었던 일을 떠올리며 반성과 성찰을 하게 해준다. 로체스터대 연구 결과에 따르면 매일 일기를 쓰면 반복되는 부정적 감정의 트리거를 인지하고 그것이 미치는 영향을 최소화할 방법을 찾을 수 있다. 또 두려움의 우선순위를 매길 수 있게 해서 그것을 극복하도록 돕는다고 한다. 어린 시절 쓰곤 했던 열쇠 달린 비밀일기장이 기억나는가? 결정적으로 일기는 다른 사람은 볼 권리가 없는, 나만의 공간이다. 어떤 부정적인 생각을 그곳에 적어놓아도 괜찮고, 정리되지 않은 글을 마구 써도 된다. 이런 이유들로 일기 쓰기는 정신 건강에 큰 도움이 된다.

어떤 글부터 써야 할지 모르겠다면 매일 일기 쓰는 것부터 시작하길 권한다. 누구나 쉽게 시도할 수 있는데, 이 작은 실천이 인생에 가져다줄 변화는 크다. 되도록 매일 일정 시간을 떼어내서 일기를 쓰자. 매일 쓴 일기가 쌓이면 나중에 내가 어떻게 변화하고 발전했는지 추적할 수 있는 귀한 자료가 된다. 그런 면에서 페이스북에 글을 쓰는 것도 추천한다. 나는 페이스북에 비공개 글을 많이 쓰는데, 페이스북의 좋은 점은 타임머신 기능이 있어 1년 전, 2년 전, 3년 전 내가 쓴 글을 다시 보여주어 과거의 나와 지금의 나를 손쉽게 비교하게 해준다는 점이다. 그 과정에서 내가 어떻게 변해왔는지 객관적으로 볼 수 있어 유용하다.

또한, 일기는 아주 자유롭게 쓰는 것이 좋다. 너무 공을 들여 써야 한다고 생각하면, 그 부담감에 처음 몇 번 시도하다 금방 그만두게 된다. '매일', '자유롭게'를 기억하자.

감사 일기를 쓰는 것도 좋은 방법이다. 2022년 의성샛별탐사대 활동 때 매일 저녁 감사 일기를 쓰는 시간을 가졌는데, 6주간 감사 일기를 씀으로써 삶을 대하는 태도, 긍정적 정서, 대인

관계, 삶의 만족도와 적응력, 자기 존중감, 자기 효능감 측면에서 눈에 띄게 좋아진 것을 확인할 수 있었다. 감사 일기를 쓰면 부정적인 생각이 감소하고 삶을 보다 긍정적으로 바라보게 되어 행복감 증진에 큰 도움을 준다는 연구 결과도 여럿 있다.

가족, 자연, 나, 친구, 이웃, 사물, 상황, 직장 및 학교생활 등에서 감사할 거리 다섯 개 내외를, 매일 10분간 생각해서 적어보길 권한다. 나를 행복하게 해주는, 가장 간단하고도 효과 좋은 방법이다.

16

먹고 명상하고
사랑하기

하루를 건강하게 채우는 식단

우리가 무언가를 하려면 몸을 잘 돌보아야 한다. 『공부하는 삶』의 저자 세르티양주 신부는 소화하느라 인생을 낭비하지 않도록 식사는 가볍게 하고, 되도록 신선한 공기에서 지내라며 건강을 잘 챙기는 것이 공부를 잘하기 위해 선행되어야 하는 필수적인 일임을 강조했다. 중국의 석학 임어당은 "인간은 누구나 타인에게 멋지게 보이고 싶어 하는 마음이 있는데, 그 전에 우선 자기 자신에게 성실해야 한다. 그 기본 수행이 바로 음식이다"라고 주장했다. 이처럼 우리가 무엇을 어떻게 먹느냐는 무척 중요하다. 먹는 것이 우리 몸과 정신에 지대한 영향을 미치기 때문이다.

나도 나 자신에게 성실하기 위해 먹고 마시는 것에 신경을 쓴다. 특히 매일 잠들기 전과 아침에는 더욱 그렇다. 저녁에는 숙면을 위해 음식을 조절한다. 야식을 먹고 속이 꽉 차면 위장이 쉬어야 할 시간에 소화를 해야 해서 숙면을 취하기 어렵다. 저녁에는 가급적 소식하고, 소화기관에 무리가 가지 않는 음식을 먹으려고 한다. 카페인 섭취도 주의하고 술도 마시지 않는다. 긴장을 풀어주는 정도로 소량의 와인은 마시지만, 한 잔이 다음 잔, 그다음 잔을 부른다는 걸 알기에 술자리에 참석하면 술을 단 한 방울도 입에 대지 않는다.

이런 생활 습관을 유지하기 위해서는 자신만의 철학과 고집이 필요하다. 그리고 그것을 대신할 다른 방도도 준비해두어야 한다. 실제로 나는 술을 마시지 않아도 술을 마신 것보다 더 유쾌하게 놀 줄 안다. 사업상 술자리가 많은 나는 남들이 와인을 마시면 콜라를 채우고, 소주와 맥주를 마시면 사이다와 환타를 채워서 색이라도 맞춘다. 그리고 잔을 들며 외친다. "술은 못 먹지만 술 먹은 사람보다 더 재밌게 놀 자신이 있어요!" 내가 세운 원칙을 성실히 지키기 위해 발휘하는 지혜인 셈이다.

그리고 아침에는 이제 막 잠에서 깨어났기 때문에 가급적 가볍고 담백한 음식물을 섭취한다. 아래 내가 먹는 식단을 소개하니 참고해서 응용해보길 바란다.

(1) 달걀 + 감자

위에 부담을 주지 않는 조합이다. 감자는 비타민 C가 풍부하고, 위염과 위궤양 증세에도 도움을 준다. 칼륨이 높아 혈압 관리에도 탁월한 식재료라 즐겨 먹는다. 달걀과 감자는 주로 삶아 먹는데, 여기에 여러 가지 변주를 주어 즐긴다. 이를테면 파프리카, 오이, 저지방 우유를 넣고 갈아 주스로 먹는다. 때로는 저지방 우유 대신 요구르트를 넣고 가는데, 새콤달콤한 맛이 추가되어 한결 맛있다. 체다치즈, 검은콩, 후추를 넣어 달걀 스크램블을 만들어 먹기도 한다.

(2) 단호박

단호박에는 섬유질이 풍부하고, 포도당을 천천히 몸에 공급해준다. 장내 이물질을 흡착하는 기능이 뛰어나서 변비에 좋고, 눈의 영양 공급에도 탁월하다. 나는 주로 찐 단호박에 올리브오일을 첨가해 먹는다.

(3) 플레인 요거트

달지 않고 목 넘김이 편해서 아침에 간단히 먹기 좋다. 플레인 요거트에는 단백질이 많이 들어 있고 칼슘, 칼륨이 많아 뼈 강화에도 도움을 준다. 나는 견과류, 씨앗류, 시리얼을 첨가해 먹곤 한다.

(4) 과일과 주스

과일은 딸기와 블루베리를 즐겨 먹는다. 수분이 많아 촉촉하고, 위에 자극이 덜하며, 혈당지수가 낮은 과일이라 혈당이 천천히 올라간다. 먹기 전에 상온에 둬서 냉기를 제거한 후 먹는다. 한편 과다한 당류와 과소한 과채류 사이 균형을 맞추기 위해 가끔 주스를 만들어 먹는다. 아침에는 사과, 비트, 당근을 넣고 만든 ABC 주스를, 저녁에는 아미노산, 비타민, 효소, 단백질이 고루 갖춰진 그린 주스를 만들어 먹는다. 그린 주스 재료로는 셀러리, 케일, 배를 추천한다.

(5) 이것도 저것도 신경 쓰기 싫을 때

요즘에는 신선음식 배달 전문 서비스가 아주 잘되어 있다. 아침 샐러드 메뉴나 아침 주스 메뉴는 영양가도 있고 맛도 있다. 이것저것 챙길 겨를이 없다면, 정기 배송을 해서 먹는 것을 추천한다.

반면 '이것만은 아침에 먹지 않는다' 리스트에 포함되어 있는 음식도 있다.

(1) 커피

주변을 둘러보면 커피 없이 못 사는 사람이 많다. 특히 직장인들은 카페인 성분이 각성 상태를 유지할 수 있도록 도와줘서 많이들 마신다. 그러나 빈속에 고농도의 카페인을 섭취하면 위통이나 구토를 유발할 수 있어서, 나는 가급적 이른 아침에는 커피를 마시지 않는다. 위장 질환이 있는 사람은 특히 커피를 많이 마시지 않는 게 좋다.

(2) 우유

공복에 우유를 마시면, 우유에 든 칼슘과 카제인 단백질이 위산 분비를 촉진시켜 위벽을 자극해 무리를 준다. 특히 체질상 유당 분해 효소가 적은 한국인은 설사나 복통, 장염 등을 앓을 수 있어 조심해야 한다. 나는 아침에 달걀과 감자를 갈아 먹을 때 살짝 넣는 용도로만 저지방 우유를 섭취한다.

(3) 바나나

우리가 아침 대용으로 많이 먹는 바나나가 실은 공복에 먹으면 안 좋은 과일 중 하나다. 부드럽고 달콤해서 우리 속을 든든하게 해주는 것 같지만, 바나나를 공복에 먹으면 혈액 중 칼륨과 마그네슘 함량을 증가시켜 균형을 깨뜨린다. 칼륨과 마그네슘은 숙면에 도움을 주는 성분이라 아침보다는 저녁에 섭취하는 게 좋다.

(4) 고구마

아교질, 타닌 등의 성분이 위벽을 자극하고, 위산 과다 분비를 촉진해 위장 장애를 일으킬 수 있다. 또 당뇨병 환자의 경우 삶거나 구운 고구마를 공복에 섭취하면 혈당이 급격히 상승할 수 있으므로 피하는 게 좋다.

저녁 식사는 가볍게 하고, 아침은 꼭 거르지 말고 간단한 음식이라도 먹는 것이 중요한 습관이다. 그리고 당연히 가공식품 섭취는 되도록 멀리 하고 자연적인 재료를 먹는 것이 좋다. 건강한 음식을 먹고 건강한 생각을 하고 운동을 하는데 그 사람의 하루가, 그 사람의 삶이 건강해지지 않을 도리가 없다. 필연적으로 좋은 삶이 될 수밖에 없도록 환경을 만들자.

음악과 명상

마지막으로, 콰이어트 모닝 시간에 나는 음악을 자주 듣는다. 듣는다기보다 배경으로 틀어둔다. 평소에 음악을 참 좋아하는 나는 음악이 우리 삶의 배경을 이루는 주요한 사운드 트랙이라고 생각한다. 이른 아침 음악 없는 고요한 적막을 즐길 때도 있지만, 보통은 한 시간, 혹은 30분 플레이리스트를 짜서 듣는다.

나는 주로 클래식 음악을 듣는데, 클래식을 들으면 뇌에서 도파민 분비량이 늘어나 기분이 좋아진다. 특히 비발디나 바흐 등 후기 바로크 음악은 집중력을 향상시키고 단기기억력을 개선한다는 연구 결과도 있다. 콰이어트 모닝 때뿐만 아니라 운전할 때도 클래식을 자주 듣는데, 라디오의 클래식 채널을 특히 좋아한다. 마음을 차분하게 해줘서 운전 중에 돌발 상황으로 인해 분노가 끓어오르려 할 때도 금세 잠잠해지는 이점이 있다.

나는 주로 애플에서 제공하는 음악 플랫폼을 애용한다. 아래 리스트를 참고해보자.

Relaxing Piano Studio Ghibli Complete Collection(40분)

Joe Hisaishi 대표곡(137분)

The Best Works for Cello(BBC Music Magazine, 39분)

Piano Essentials, Apple Music Classic(720분)

음악을 들으며 하기 좋은 것이 바로 명상이다. 소파나 의자에 앉아, 눈을 감고 정신을 한곳으로 모으는 연습을 해보자. 숨을 들이쉬고 내쉬는 것에 집중하면서, 천천히 나를 비워내는 것이다. 매일 10~20분의 명상이 스트레스를 낮추고, 일과 중 고도의 집중력 발휘에도 도움을 준다. 이밖에도 명상의 장점에 대한 연구는 차고 넘친다. 편안한 옷을 입고, 척추뼈를 곧게 세우고 앉아, 눈을 감고 매일 10분씩 명상을 해보자. 10분이 어렵다면 처음에는 5분만 시도해보자. 일정 시간 가만히 앉아 있어야 하기 때문에 명상 전에 목, 어깨, 다리 등 몸의 구석구석을 스트레칭해서 긴장을 풀어주는 것이 도움이 된다.

명상을 할 때는 호흡이 중요한데, 일반적으로 배꼽 위 한 지점에 온 마음을 집중시킨 다음 숨을 들이쉬고 내쉴 때마다 복부가 내려갔다 올라가는 것을 느껴본다. 이때 오직 호흡에만 집중하면서 생각을 비우는 것이 포인트다. 명상하는 내내 잡념이 든다고 해서 좌절하지 말고, 점점 좋아질 걸 기대하며 매일 10분씩 일주일간 지속해보자. 명상에는 여기 소개한 호흡 명상 말고도 걷기 명상, 만트라 명상, 차크라 명상 등 다양한 방법이 있다.

이것저것 시도해보면서 자기에게 가장 편안한 방법을 찾아 지속하면 된다. 명상 앱을 활용해보는 것도 좋은 방법이다.

나는 『콰이어트 모닝』 원고를 매일 아침에 한 꼭지씩 꾸준히 써서 40일 만에 완성했다. 콰이어트 모닝 원고는 콰이어트 모닝에만 썼다. 그 시간이 주는 고요한 에너지가 이 글에 담기기를 바랐기 때문이다. 많은 사람이 어떤 일을 해야지 하고 마음먹지만 이런저런 이유로 우선순위에서 밀려나고, 일의 진행이 늦어진다. 중요한 일을 해야 할 때 그 일을 콰이어트 모닝 루틴 속에 포함시키면 좋다. 이 장에서 내가 제시한 활동들을 참고해 자기만의 콰이어트 모닝 활용법을 자유롭게 구상해보길 바란다.

사랑하라, 한 번도 상처받지 않은 것처럼

세계적인 화가 피카소에 대한 일화가 있다. 어느 날 피카소에게 한 거부가 그림을 부탁하자 피카소가 앉은자리에서 1분 만에 그려주면서 꽤 높게 값을 불렀다. 거부가 1분 만에 그린 그림 치고는 너무 비싸지 않느냐고 너스레를 덜자 피카소가 답했다. "이 그림은 1분이 아닌 평생에 걸친 그림이오. 그러니 그만한 값을 받아야 합니다." 어느 책에서 이 대목을 보고 나는 온몸에 전율이 일었다. 현재 시점의 나는 그간 내가 살아온 모든 시간이 누적되어 완성된 것이라는 점이 새롭게 다가왔다.

당신이 한 생각, 당신이 만난 사람, 당신이 먹은 음식, 당신이 주로 지은 표정 그 모든 것의 총합이 지금의 당신이다. 과거는 이미 지나갔기에 손쓸 수 없지만, 미래의 당신은 지금 당신이 어떤 삶을 사느냐에 따라 달라질 수 있다.

나는 매일 운동, 독서, 글쓰기, 명상을 하며 아침을 보낸다. 어쩌다 하루만 하는 것이 아니라 매일 한다. 매일 적정한 수준의 비트로 나의 심장을 뛰게 한다. 트레드밀 위에 올라 러닝을 할 때도 있고 사이클에 앉아 페달을 돌릴 때도 있다. 러닝을 할 때는 오디오북을 듣고 사이클을 탈 때는 아이패드로 전자책을 읽는다. 가만히 앉아 독서를 할 때도 있다. 운동 후에는 개운하게 샤워를 하고 곡물, 오메가, 아르기닌 같은 양분과 과일을 적당량 먹고, 글을 쓰고, 신문을 읽는다. 이 루틴이 매일 반복된다. 당신은 매일 아침 무엇을 하고 싶은가? 무엇이든 가능하다. 중요한 것은 매일 자신만 있는 고요한 시간을 기꺼이 만드는 일이다. 이 시간이 당신이 성장하고 변화하는 데 든든한 주춧돌이 되어줄 것이다.

이 모든 것이 나를 사랑하는 마음에서 하는 행동이다. 알프

레드 디 수자의 유명한 시「사랑하라, 한 번도 상처받지 않은 것처럼」을 처음 읽었을 때 이 시처럼 살 수 있으면 좋겠다는 생각을 했다. 특히 이 시의 제목이기도 한 '한 번도 상처받지 않은 것처럼 사랑하라'라는 대목이 마음에 여운을 남겼다. 우리는 스스로에게 상처를 주고, 남에게도 상처를 받으며 살아간다. 그 상처들은 끈질기게 남아 우리로 하여금 현재를 온전히 살지 못하도록 방해한다. 현실을 왜곡해서 보게 하고, 새로운 가능성으로 나아가지 못하게 한다. 나를 온전히 사랑하지 못하도록 만든다. 만약 과거의 상처로 현실을 왜곡하지 않으면, 새로운 가능성을 스스로 제한하지 않으면 삶은 어떻게 달라질까? 나 자신에 대한 사랑을 회복한다면 말이다.

상처를 직시해서 그 상처와 나를 분리해내고, 있는 그대로의 자기 자신을 사랑하자. 사랑하는 나에게 좋은 하루를 선물해준다는 마음으로, 정성껏 하루하루를 살아내자. 좋은 것을 먹고, 좋은 것을 생각하고, 나와 내 주변 사람들을 사랑하며 나에게 주어진 하루를 한껏 행복하게 살자. 그 시간이 쌓여 더 충만하고 풍요로운 미래를 맞이하게 되기를 진심으로 소망한다.

오래 가려면 함께여야 한다

지금까지 이 책을 읽은 독자라면, 분명 콰이어트 모닝에 도전해보고 싶은 마음이 가득할 것이다. 그런데 막상 시작하더라도 습관을 지속하는 건 여간 어려운 일이 아니다. 앞서도 이야기했듯 인간의 의지란 불꽃과 같아서 언제라도 꺼질 수 있기 때문이다. 특히 아무도 지켜보는 사람이 없다면 몇 번 해보다가 흐지부지되기가 쉽다.

실제로 콰이어트 모닝의 취지에는 매우 공감하고 이 루틴을 자기 삶에 이식하고 싶어 하는 사람은 많았지만, 몇 번 시도해보고 포기하는 경우가 적지 않았다. 포기 후에 '역시 난 안 돼'라는 무력감에 빠질까 봐 염려가 된 것도 사실이다. 콰이어트 모닝을 지속하려면 삶이 단순해져야 하고, 루틴이 정착될 때까지 무던히 끌고 가는 것이 중요하다. 하루 30분이 어렵다면 처음에는 10분만 시도해보는 식으로 도전의 문턱을 낮춰서 작은 성공을 쌓아가는 것이 도움이 된다.

무엇보다 오래 가려면 '함께하는 것'이 중요하다. 우리가 취업 준비를 위해 스터디를 하고, 한 달에 한두 권이라도 책을 집중해 읽기 위해 독서 모임에 가입하는 것도 함께하는 것의 힘을 알기 때문이다. 습관을 유지하려면, 나 말고 다른 누군가의 지켜보는 눈이 필요하다. 포기하고 싶을 때에도 서로 격려하고 응원해주면 콰이어트 모닝을 지속하기가 훨씬 수월하다. 콰타드림랩 교육 캠프와 프로그램을 통해 만난 참가자들도 서로를 북돋아가며 콰이어트 모닝을 실천함으로써 완전히 자기 습관으로 만들 수 있었다. 다른 사람과의 연대가 홀로 있는 시간을 지켜갈 수 있도록 도와주는 상생의 힘이 되었음을 내 눈으로 직접 확인한 것이다.

2023년 봄 어느 한적한 시골에 콰이어트 타임 3층 빌딩이 세워진다. 이곳 3층에 콰이어트 습관을 훈련할 수 있는 공유 레지던스를 운영할 것이다. 이곳을 시작으로, 본격적으로 콰이어트 모닝을 함께 실천할 커뮤니티를 구축하고자 한다. 온라인 커뮤니티(네이버 카페 '콰이어트 모닝')도 개설해 이 책을 읽은 독자들에게 특별한 혜택을 제공하려 한다. 독자 여러분이 콰이어트 모닝 습관을 실천하며 보다 행복하고 충만한 인생을 살아갈 수 있도록 모든 마음을 다해 도울 준비가 되어 있다. 함께 가보자. 혼자서는 쉽게 포기할 일도 함께라면 가능하다.

에필로그

생각을 현실로 만들어내는 마인드셋

'피곤하다'는 '지쳤다'라는 말과 같다. 우리는 우리가 원하지 않는 일을 억지로 하고 그 과정과 결과가 자신에게 무의미하다고 느낄 때 피곤함을 더 많이 느낀다. 반면 똑같은 일이라도 우리가 원하는 일을 하고 그 과정과 결과가 유의미하다고 느낄 때는 힘들어도 포기하지 않고 기꺼이 해내곤 한다.

힘들게 달리고 있는 마라토너를 보면 저렇게 고생스러운 걸 왜 하나 싶은 생각이 든다. 혹시 러너스 하이runner's high라는 말을 들어보았는가? 30분 이상 오래 달리면 신체는 독특한 영역에 들어서게 된다. 분명 오래 달리면 힘들어 죽겠다 싶게 괴로워야 할 것 같은데, 육체적 고통을 상쇄하는 새로운 호르몬이 분비되어 행복감이 밀려온다. 다리와 팔이 가벼워지고 리듬감이 생기면서 새로운 힘이 생긴다. 산을 오를 때도 마찬가지다. 정상에 다가갈수록 산은 가팔라지고 피로도 산의 높이만큼 쌓여가지만, 정작 등반가의 마음은 정상에 다가갈수록 행복감이 차오른다. 몸도 가벼워지고 정상에 오르려는 의지도 불타오른다.

매일 아침 일찍 일어나는 것도 이와 비슷하다. 얼핏 피곤할 것 같지만, 고요히 하루를 맞으며 주도적으로 인생을 살아가고 있다는 성취감과 행복감이 압도적으로 크다. 그래서 나는 아침에 일어나는 일이 피곤하지 않다. 평온한 아침, 나는 내가 원하는 시간에 내가 원하는 느낌으로 내가 하고자 하는 일을 나의 속도에 맞게 하나하나 해왔다. 17년 동안 거의 하루도 빠짐없이 매일.

그동안 내가 체험하고 체감한 고요한 아침 시간의 힘은 내가 새롭게 만들어낸 것이 아니라 이미 존재하고 있던 무언가의 재발견이다. 이미 아침 시간 활용법에 대한 책이 여러 권 출간되었다. 그러나 나는 이 책들 틈에서 『콰이어트 모닝』이 '더하기 1'이 아니라 '유일한 하나'가 될 수 있다고 믿는다. 내가 전하고 싶은 핵심 메시지는 아침에 일찍 일어나라는 게 아니라, 고요한 시간을 가지라는 것이니까.

우리는 다양한 소리에 둘러싸인 채로 살아간다. 그 소리는 때론 좋은 방향으로, 때론 그렇지 않은 방향으로 우리를 안내한다. 그럴 때 우리에게 필요한 건 그 소리가 어떤 소리인지 분별해내는 판단력이다. 그게 없으면 이리저리 휘둘리다가 귀한 시간을 허비하게 된다. 참으로 안타까운 일이다. 초반부에 이야기했듯, 내면의 목소리에 귀 기울이는 것이 인생을 현명하게 사는 최고의 방법이다. 익히 알고 있는 것처럼 이 땅에서 우리에게 주어진 시간은 유한하기 때문이다.

내면의 목소리를 듣는 게 왜 그렇게 중요할까? 나는 그간 현장에서 수많은 사람을 만나 다양한 고민을 들었다. 개개인마다 차이는 있지만, 대개 충분히 생각하며 살고 있지 않다는 게 가장 큰 문제였다. 한 달 한 달 살아내는 데 급급해서, 눈앞의 그 한 달을 벗어날 생각은 하지 못했다. 그러나 인생의 방향을 점검하려면 반드시 바로 앞에서 눈을 거둬 장기적인 관점에서 인생을 위한 씨앗을 뿌려야만 한다. "인생은 우리가 하루 종일 생각하는 것으로 이루어져 있고"(랄프 왈도 에머슨), "어제의 생각이 오늘의 당신을 만들고, 오늘의 생각이 내일의 당신을 만들며"(블레즈 파스칼), "생각하면 얻고, 생각하지 않으면 얻지 못하기"(맹자) 때문이다.

이렇게 중요한데, 사람들은 좀체 생각이란 걸 하지 않는다. 현대인들은 생각하기에 너무 바쁘기 때문이다. 억지로라도 시간을 내야 한다. 그러지 않으면 일과 중에는 바로바로 닥쳐오는 현안들을 처리하느라 생각할 겨를이 없다.

왜 공부해야 하는지 모르고 그저 열심히 공부해서 점수에 맞춰 대학에 진학하는 청소년, 자기 적성에 대한 진지한 탐색 없이 남들 보기에 괜찮아 보이는 취직자리를 얻으려고 오랜 시간 몰두하는 장기 취준생, 등 떠밀리듯 입사해서 생계유지를 위해 억지로 다니고는 있지만 이게 내 길이 맞는지 늘 고민하는 직장인…. 나는 이런 사람들을 만날 때마다 콰이어트 모닝을 일상 속 루틴으로 만들라고 권한다.

대체로 반응은 두 가지다. 누군가는 대수롭지 않게 흘려듣고 끝이다. 그런 사람은 기존의 생각과 행동을 반복하며, 똑같은 결과를 계속 만들어낸다. 반면 어떤 이는 "어떻게 하면 되나요?" 하고 구체적인 방법을 물어온다. 그리고 유의미한 변화를 만들어낸다.

아침에 고요한 시간을 홀로 보낸다고 해서 당장 휘리릭 변하지는 않는다. 세상에 그런 것은 없다. 매일매일 훈련을 통해 사고력과 판단력을 키워 나가다 보면, 그 모든 것이 임계점에 도달하는 순간이 오고, 바로 그때 비로소 변화가 일어난다. 여기서 중요한 것은 지속성이다. 확신을 가지고 우직하게 지속해 나가야 한다. 당장 눈에 띄는 변화가 느껴지지 않아도 지속적으로 읽고, 생각하고, 쓰고, 운동하며 좋은 씨앗을 심어야 한다.

어떤 분야에서건 유의미한 성취를 이루는 데는 여섯 가지 변수가 작용한다고 한다. 운, 재능, 과제 난이도, 환경, 노력, 전략이다. 여기서 운과 재능, 과제 난이도는 우리가 통제할 수 없다. 여기에 매달려 있으면 우울해진다. 우리가 통제할 수 있는 변수, 즉 좋은 환경을 만들고 바람직한 전략을 세우는 것에 집중해야 한다. 그리고 이처럼 무한한 변수의 장에서, 우리 자신만은 굳건한 상수가 되어야 한다. 그래야 버텨 나갈 수 있다. 콰이어트 모닝은 바로 통제할 수 있는 변수에 집중하고, 자기 자신을 믿을 만한 상수로 세워가는 훈련의 장이다.

해마다 겨울이면 대학 진학을 앞둔 취약계층 청소년에게 아이패드를 선물했다. 『콰이어트 모닝』의 인세 전액도 취약계층 청소년의 교육 지원을 돕는 기금으로 기부할 예정인데, 구체적으로는 200여 명의 청소년들에게 최신형 아이패드를 선물하겠다는 목표를 세워두었다. 친구들이 받을 아이패드에는 『콰이어트 모닝』 오디오북과 콰이어트 모닝 실천 방법에 대한 6주 교육 프로그램 동영상을 탑재할 계획이다. 내가 선물로 주고 싶은 것은 아이패드라는 물건이 아니다. 바로 포기하지 않고 마침내 꿈을 이뤄내는 성장 마인드셋이다. 청소년뿐만 아니라 이 책을 읽은 모든 사람이 '생각을 현실로 만들어내는 마인드셋'을 탑재할 수 있으면 좋겠다. 그것은 이 책을 집필하는 내내 내 마음에 품었던 소원이기도 하다.

증권 시장이 속절없이 붕괴되기 시작할 때 시장은 서킷브레이크 제도를 활용해 거래를 중단시키고, 주식 시장의 붕괴를 제어한다. 우리 인생도 어딘가 어렵거나 불완전하거나 무언가 잘못되었다는 느낌이 든다면 일단 멈춰야 한다. 그리고 돌아봐야 한다. 그때가 방향을 재정비할 타이밍이기 때문이다. 콰이어트 모닝이 바로 그 역할을 할 수 있다. 홀로 고요히 느리게 흘러가는 그 시간이 요동치는 인생 가운데 당신을 굳건히 붙잡아줄 것이다. 폭설로 다른 차들이 멈춰 있을 때 미리 월동 준비를 철저히 해둔 차는 비록 느리게라도 그 길을 헤치고 앞으로 나아간다. 당신의 인생도 그럴 수 있으면 좋겠다. 각자 자기 인생이 가장 아름답게 꽃 피울 수 있는 그 길을 찾아 떠나게 되기를, 중도 포기하지 않고 그 길을 완주해내기를 진심으로 응원한다.

참고문헌

도서

『감정공부』(미리암 그린스팬 / 뜰 / 2008)

『결국 해내는 사람들의 원칙』(앨런 피즈, 바바라 피즈 / 반니 / 2017)

『긍정심리학』(스티브 R. 바움가드너 / 시그마프레스 / 2009)

『네 안에 잠든 거인을 깨워라』(토니 로빈스 / 씨앗을뿌리는사람 / 2008)

『네 안의 정상을 찾아라』(토드 스키너 / 세종서적 / 2004)

『뇌는 달리고 싶다』(안데르스 한센 / 반니 / 2019)

『단편적인 것의 사회학』(기시 마사히코 / 위즈덤하우스 / 2016)

『달라이 라마의 행복론』(달라이 라마, 하워드 커틀러 / 김영사 / 2001)

『당신의 뇌는 최적화를 원한다』(가바사와 시온 / 쌤앤파커스 / 2018)

『독서력』(사이토 다카시 / 웅진지식하우스 / 2015)

『돌파력』(라이언 홀리데이 / 심플라이프 / 2017)

『딥 워크』(칼 뉴포트 / 민음사 / 2017)

『마틴 셀리그만의 긍정심리학』(마틴 셀리그만 / 물푸레 / 2014)

248

『멘탈이 강해지는 연습』(데이먼 자하리아데스 / 서삼독 / 2022)

『모든 것은 기본에서 시작한다』(손웅정 / 수오서재 / 2021)

『몰입』(미하이 칙센트미하이 / 한울림 / 2004)

『몽테뉴의 수상록』(미셸 몽테뉴 / 메이트북스 / 2019)

『무한능력』(토니 로빈스 / 씨앗을뿌리는사람 / 2005)

『미라클 모닝』(할 엘로드 / 한빛비즈 / 2016)

『본능의 과학』(레베카 하이스 / 윌북 / 2021)

『부자의 그릇』(이즈미 마사토 / 다산북스 / 2020)

『사막은 샘을 품고 있다』(이승우 / 복있는사람 / 2017)

『사회적 기업가정신』(강민정, 박재홍, 추현호 / 박영사 / 2021)

『습관의 심리학』(곽금주 / 갤리온 / 2007)

『신뢰의 법칙』(데이비드 데스테노 / 웅진지식하우스 / 2018)

『언지록』(사토 잇사이 / 알렙 / 2017)

『오직 스스로의 힘으로 백만장자가 된 사람들의 52가지 공통점』(앤 마리

    사바스 / 스노우폭스북스 / 2018)

『읽기의 말들』(박총 / 유유 / 2017)

『자기 신뢰』(랄프 왈도 에머슨 / 현대지성 / 2021)

『정리하는 뇌』(대니얼 J. 레비틴 / 와이즈베리 / 2015)

『지혜를 어디서 찾을 것인가』(헤럴드 블룸 / 루비박스 / 2008)

『참을 수 없는 존재의 가벼움』(밀란 쿤데라 / 민음사 / 2009)

『책을 읽는 방법』(히라노 게이치로 / 문학동네 / 2008)

『축구를 하며 생각한 것들』(손흥민 / 브레인스토어 / 2020)

『클루지』(개리 마커스 / 갤리온 / 2008)

『타이탄의 도구들』(팀 페리스 / 토네이도 / 2017)

『하루 10분 아침독서 습관』(송희진 / 위닝북스 / 2016)

『하버드 감정 수업』(쉬셴장 / 와이즈맵 / 2019)

『하이퍼포커스』(크리스 베일리 / MID / 2019)

『It Works 꿈을 실현시키는 빨간 책』(RHJ / 매일경제신문사 / 2005)

『NLP 코칭』(조셉 오코너 / 해와달 / 2005)

『Why People Change: The Psychology of Influence』(William Champlin Lewis
    / Holt, Rinehart and Winston / 1972)

『12가지 인생의 법칙』(조던 B. 피터슨 / 메이븐 / 2018)

『365일 거인과 함께 가라』(토니 로빈스 / 씨앗을뿌리는사람 / 2008)

기사

<마부작침과 우공이산>(조윤제 / 농민신문 / 2021. 5. 28)

<지혜를 회복하는 법>(장은수 / 매일경제 / 2020. 11. 21)

논문

<감사일기 쓰기가 행복감 증진에 미치는 효과에 관한 고찰>(김미경 / 대
    구교육대학교 / 2018)

<공감은 신뢰를 낳는가?> (유찬기, 장원호 / 조사연구 22권 / 2021)

<자기 성찰적 글쓰기의 의미> (정연희 / 민족어문학회 어문논집 제69호 /
    2013)

웹사이트

규칙적인 리딩 습관이 신체와 정신에 미치는 영향

https://www.healthline.com/health/benefits-of-reading-books

긍정적인 자기 확언이 인생에 미치는 영향

https://www.wellandgood.com/tropicana-morning-mantras-how-to-create-a-

mantra/

리딩이 뇌의 연결을 바꾸는 기제

https://www.inc.com/jessica-stillman/reading-books-brain-chemistry.html

미라클 모닝 30일 챌린지

https://miraclemorning.com/wp-content/uploads/2021/02/TME-30-Day-

Challenge-Workbook-FINAL.

이른 아침이 업무 성과에 좋은 네 가지 이유

https://medium.com/personal-growth-lab/the-key-to-better-focus-and-higher-

productivity-work-early-in-the-morning-4-reasons-why-c6ab13f47ef3

*** 콰이어트 모닝 실천 후기 ***

나는 아침에 일찍 일어나는 것을 어려워하는 사람이었다. 알람이 울려도
손을 뻗어 끄고 이불 속에서 나오지 않았다. 며칠 힘겹게 이른 기상을 해
보다가 오후가 되면 너무 피곤해서 잠깐 자고, 그러다 이내 다시 늦게 자
고 늦게 일어나는 일상으로 돌아가곤 했다. 추 대표님은 하루 중 일정 시
간을 떼어 고요하게 자기만의 시간을 내는 일 자체가 중요하다며 나를 독
려했다. 그 덕에 서서히 고요한 혼자만의 시간을 누릴 줄 아는 사람으로
변화했다. 규칙적인 생활로 예전보다는 아침에 일어나는 일이 수월해지기
도 했다. 나같이 매번 아침 습관을 들이는 것에 실패했던 이들에게 일독을
권한다.   — 강성호(샛별탐사대 운영팀)

이른 새벽 혼자만의 시간을 갖는 것은 쉽지 않았다. 의지만으로는 한계가
있었다. 하지만 저자의 콰이어트 모닝을 지켜보면서 남들보다 하루를 일
찍 시작하는 시간의 누적이 얼마나 큰 차이를 만들 수 있는지 알게 되었
다. 나도 콰이어트 모닝을 통해 확실한 목표를 갖고 온전히 나만을 위한

고요한 시간을 보내고 나니 하루하루 점점 발전해감을 몸소 느낀다. 홀로 있는 시간의 소중함을 일깨워준 콰이어트 모닝에 감사하다.

— 김승범(청년 사업가)

새벽을 깨우는 일은 어렵다. 며칠 잘 지키는 듯하다가 어느새 10분, 20분씩 기상 시간이 늦어졌다. 그래도 추 대표님 조언에 따라 기상 시간 몇 분 늦은 것에 일희일비하지 않고, 하루 중 어떻게든 고요한 시간을 홀로 보내는 것에 초점을 맞춰서 지속해 나갔다. 결국 콰이어트 모닝이 내 일상에 정착할 수 있었다! 그 고요한 시간이 내게 찾아온 오늘을 선물로 여길 수 있게 도와주었다.

— 김진희(샛별탐사대 운영팀)

조용한 아침에 다른 자극을 차단한 채 홀로 깨어 있는 시간은 내 삶을 온전히 마주할 수 있는 기회를 마련해주었다. 내 삶을 오롯이 직면하는 일은 쉽지 않았지만 나는 계속 아침 습관을 유지했고, 결국 익숙한 일상을 뛰어넘어 새로운 단계의 삶으로 넘어갈 수 있게 되었다. 콰이어트 모닝이 나처럼 많은 사람의 삶에 새로운 희망과 기회의 싹을 틔우는 씨앗이 되길 희망한다.

— 박민지(샛별탐사대원)

오전 10시에도 힘들게 일어나는 내가 새벽 6시에 일어나 산책을 하고 일기를 썼다. 차가운 새벽 공기를 가르며 용기를, 떠오르는 해를 보며 감사를 느꼈다. 내게 주어진 오늘에 감사하고, 부지런히 삶을 가꿔 나가려 애쓰는 하루는 예전과는 달랐다. 그런 내 모습에 용기를 얻고 시작하는 하루였기 때문이다. 이제 나는 조용한 새벽 시간의 사색을 즐길 줄 아는 사람이 되었다. 오늘도 나는 콰이어트 모닝으로 삶을 단단히 가꾼다.

— 안수빈(샛별탐사대원)

스티브 잡스는 유명한 연설에서 커넥팅 더 닷Connecting the Dots, 즉 과거의 흔적을 연결해 자기만의 혁신적인 창조물을 만들어낼 수 있다고 말했다. 콰이어트 모닝은 저자 추현호의 흔적을 연결하는 연결선이며, 이 책은 그의 연결선상에 찍은 새로운 닷이다. 이번 책이 앞으로 어떤 미래를 만들어낼지도 무척 기대된다.

— 윤진혁(샛별탐사대원)

무심코 시작한 콰이어트 모닝은 어느 순간부터 지루한 나의 일상에 신선한 자극이 되어주었다. 사소한 도전과 작은 성취가 자존감을 높였고, 결국 나를 일으켜 세웠다.

— 이종하(샛별탐사대원)

지역 청년의 멘토 추현호 대표는 나의 멘토이기도 하다. 삶 속에서 복잡하고 어려운 질문들이 20대의 나에게 연이어 찾아오고 이 문제들을 피할 수 없음을 느낀다. 콰이어트 모닝을 실천하며 그런 질문과 상황을 주도적으로 다루고 원하는 삶을 살아내는 연습을 한 지 어느덧 3년이란 시간이 넘어간다. 나의 하루도 서서히 변화됨을 느낀다. 고요한 아침의 시간, 진정한 자신의 모습을 마주하고 하루를 의미 있게 시작하고 싶다면 콰이어트 모닝을 적극 추천한다.

— 이현경(콰타드림랩 팀원)

감사의 말

제가 태어났을 때부터 지금까지 전폭적인 사랑과 온전한 신뢰를 보여주셨던 부모님, 감사하고 사랑합니다. 매년 홀로 몇 달간 자리를 비우는데도 늘 나를 배려해주고 이해해주는 아내와 아들, 딸에게 무한한 애정과 감사를 표합니다.

저와 함께 멋진 책을 완성해낸 클레이하우스 편집팀, 고맙습니다. 이 책을 만드는 과정을 통해 제가 한 뼘 더 성장할 수 있었습니다.

무엇보다 이 책을 읽어주신 독자분들께 감사드립니다. 콰이어트 모닝을 통해 여러분이 삶이라는 선물을 행복하고 충만하게 누리며 살아가시길 바랍니다.

콰이어트 모닝

초판 1쇄 인쇄 2023년 1월 20일
초판 1쇄 발행 2023년 2월 1일

지은이 추현호

편집 임인선
디자인 studio forb
마케팅 (주)에퀴티
제작 (주)공간코퍼레이션

펴낸이 윤성훈 **펴낸곳** 클레이하우스(주)
출판등록 2021년 2월 2일 제2021-000015호
주소 경기도 파주시 회동길 530-20, 402호
전화 070-4285-4925 **팩스** 070-7966-4925 **이메일** clayhouse@clayhouse.kr

ISBN 979-11-977684-9-1 (03190)

클레이하우스(주)가 더 나은 책을 펴낼 수 있도록 의견을 남겨주시거나 오타를 신고해주세요.
QR코드에 접속해 독자 설문에 참여해주신 분께 추첨을 통해 선물을 드리겠습니다.